Carsten Rennhak (Hrsg.)

Aktuelle Instrumente der Marketingpraxis

Relationship Marketing, Social-Media im Kundenservice,
Cross-Selling, Ingredient Branding, Corporate Identity

REUTLINGER SCHRIFTEN ZU MARKETING & MANAGEMENT

Herausgegeben von Carsten Rennhak

ISSN 1865-3162

1   *Carsten Rennhak und Ines Stiefbold*
    Beschwerdemanagement in Franchisesystemen
    ISBN 978-3-89821-832-0

2   *Britta Mertens, Jana Sazepin und Carsten Rennhak*
    Stirbt die Mitte?
    Konsumentenverhalten im 21. Jahrhundert
    Herausforderungen und Strategien für Marketing und Management
    ISBN 978-3-89821-892-4

3   *Katrin M. Heigl und Carsten Rennhak*
    Zukünftige Wettbewerbsstrategien für Automobilzulieferer
    Chancen und Risiken der dritten Revolution in der Automobilindustrie
    ISBN 978-3-89821-902-0

4   *Carsten Rennhak (Hrsg.)*
    Die Automobilindustrie von morgen
    Wie Automobilhersteller und -zulieferer gestärkt aus der Krise hervorgehen
    können
    ISBN 978-3-8382-0012-5

5   *Carsten Rennhak (Hrsg.)*
    Kommunikationspolitik im 21. Jahrhundert
    ISBN 978-3-8382-0192-4

6   *Carsten Rennhak (Hrsg.)*
    Aktuelle Instrumente der Marketingpraxis
    Relationship Marketing, Social-Media im Kundenservice, Cross-Selling,
    Ingredient Branding, Corporate Identity
    ISBN 978-3-8382-0342-3

Carsten Rennhak (Hrsg.)

AKTUELLE INSTRUMENTE DER MARKETINGPRAXIS

Relationship Marketing, Social-Media im Kundenservice,
Cross-Selling, Ingredient Branding, Corporate Identity

ibidem-Verlag
Stuttgart

Bibliografische Information der Deutschen Nationalbibliothek
Die Deutsche Nationalbibliothek verzeichnet diese Publikation in der
Deutschen Nationalbibliografie; detaillierte bibliografische Daten sind im
Internet über http://dnb.d-nb.de abrufbar.

Bibliographic information published by the Deutsche Nationalbibliothek
Die Deutsche Nationalbibliothek lists this publication in the Deutsche Nationalbibliografie;
detailed bibliographic data are available in the Internet at http://dnb.d-nb.de.

∞

Gedruckt auf alterungsbeständigem, säurefreien Papier
Printed on acid-free paper

ISSN: 1865-3162

ISBN-13: 978-3-8382-0342-3

© *ibidem*-Verlag
Stuttgart 2012

Printed in Germany

Vorwort

Viele Märkte sind gegenwärtig von einer enormen Dynamik in den Erwartungs- und Bedürfnisstrukturen der Kunden geprägt. Zudem verschärft sich vielfach die Wettbewerbsintensität. Diese Situation stellt Unternehmen vor die Herausforderung, den immer informierter und selektiver agierenden Kunden tatsächliche – und idealerweise auch bindende – Leistungsvorteile zu vermitteln. Die lange etablierten Instrumente des bekannten Marketing-Mixes sind erschöpft, klassische Marketing- und Servicestrategien erreichen die neuen Zielgruppen nicht mehr.

Unternehmen versuchen diesen Herausforderungen zu begegnen, indem sie ein mannigfaltiges Spektrum von Instrumenten zum Einsatz bringen, um Kunden zu gewinnen, zu binden und die Wertschöpfung mit diesen zu erhöhen. Während das transaktionsorientierte Marketing auf den Absatz von Produkten und Diensten abzielt, befasst sich das Beziehungsmarketing – oder neudeutsch Relationship Marketing – mit dem Erhalt und der Steuerung von Kundenbeziehungen. Beziehungsmarketing umfasst entsprechend Maßnahmen der Analyse, Planung, Durchführung und Kontrolle, die dazu dienen, die Kundenbeziehung zu initiieren, zu stabilisieren, zu intensivieren und wieder aufzunehmen. Die „Herausforderung Kundenbindung" macht eine Ablösung der Produktsichtweise durch eine kundenfokussierte Ausrichtung notwendig. Dazu ist zum einen eine Optimierung der Vermarktungsfähigkeiten durch verstärkte Nutzung neuer Vertriebswege, optimierte Kundensegmentierung und zielgruppenspezifische Marketingprogramme sowie ein verbesserter Service zwingend. Eine auf den Kunden ausgerichtete Strategie und kundenorientierte Mitarbeiterinnen und Mitarbeiter sind entscheidende Voraussetzungen für eine Qualitätsleistung, die Kunden an Unternehmen binden kann. Kundenzufriedenheit basiert nicht nur darauf, wie individuell Unternehmen ihre Produkte auf die Kundenbedürfnisse maßschneidern können, sondern auch wie bequem sie für den einzelnen Kunden erreichbar sind. Zum anderen muss parallel zu diesen Anstrengungen der Kunde in das Zentrum sämtlicher Anstrengungen rücken; oberste Priorität ist dabei die Weiterentwicklung des bestehenden Kundenstammes.

Dieser Band richtet sich an Studierende und Wissenschaftler aller Fachrichtungen, die sich mit dem aktuell zur Verfügung stehenden Repertoire an Marketinginstrumenten befassen; Praktiker im Bereich Marketing, die kreative Wege zur Kundenansprache suchen, Kundenzufriedenheit messen oder CRM-Systeme implementieren wollen, ihre Corporate Identity oder ihren Kundenservice zu optimieren wünschen und über Möglichkeiten zur Wertsteigerung bestehender Kundenbeziehungen nachdenken, erhalten wertvolle Hinweise.

Zunächst werden mit dem Beitrag „Kundenbindung" von *Amparo Galiñanes García* und *Carsten Rennhak* die notwendigen definitorischen und inhaltlichen Grundlagen für das Verständnis des Problemfeldes gelegt. Der darauf folgende Beitrag „Kundenverständnis durch Marktsegmentierung" von *Tobias Kesting* und *Carsten Rennhak* untersucht die theoretischen Möglichkeiten der Marktsegmentierung. Kundenbindung setzt in der Theorie voraus, dass Unternehmen ihre Produkte individuell auf die Kundenbedürfnisse maßschneidern können – in der Praxis verbleiben hier noch einige Verbesserungspotenziale. Die Kundeninformationen sollen für ein aktives Kundenbeziehungsmanagement zur Verfügung stehen. Insbesondere die Unternehmen sind erfolgreich bei der Bindung und Entwicklung ihrer Kunden, die einerseits ihre Ressourcen gezielt und beständig auf die Pflege des Kundenstammes ausrichten und andererseits integrierte Kundeninformationssysteme und Data Mining professionell einsetzen. Fehlende oder fehlerhafte Kundeninformationen sowie mangelhafte Systeme zu deren gezielter Auswertung gehören zu den wesentlichen Herausforderungen bei der Kundenbindung. *Amparo Galiñanes García*, *Carsten Rennhak* und *Gerd Nufer* befassen sich dazu mit „CRM: Ein entscheidendes Tool zur Kundenbindung".

Amparo Galiñanes García, *Carsten Rennhak* und *Gerd Nufer* diskutieren in ihrem Beitrag „Erfolgsfaktor Datenqualität – die Abhängigkeit der CRM-Systeme vom Dateninput" den erfolgskritischen Einfluss der Datengüte auf CRM-Anwendungen und Kundenbindung. Ziel des Beitrags „Operationalisierung und Messung von Kundenzufriedenheit" von *Gerd Nufer, Kornelius Prell* und *Carsten Rennhak* ist es, einen breiten Einblick in das theoretische Konstrukt Kundenzufriedenheit zu geben. Hierbei wird der Fokus auf die Messbarmachung gelegt, und es werden Methoden zur Messung analysiert. Abschließend erfolgt eine kritische Würdigung der Messgröße im Hinblick auf ihre Relevanz im unternehmerischen Umfeld. Im Rahmen des Beitrags „Cross-Selling" von *Gerd Nufer, Daniel Kelm* und *Carsten Rennhak* werden zunächst der Kundenwert und das Kundenwertpotenzial als Ausgangspunkt definiert. Darauf aufbauend wird dann eine konkrete Zielsetzung von Cross-Selling Management ausgearbeitet und die wesentlichen Erfolgs- bzw. Nutzenpotenziale identifiziert. *Carsten Rennhak* zeigt in seinem Beitrag „Kundenbindungsstrategien für Banken" dann die Ergebnisse einer umfangreichen Feldstudie zur Kundenbindung bei deutschen Banken, bevor er in seinem Beitrag „Social Media – Servicekanal der Zukunft?" Herausforderungen und Chancen einer neuen Servicelandschaft diskutiert. *Gerd Nufer, Anton Kocher* und *Carsten Rennhak* geben einen Einblick in das Thema „Ingredient Branding" und stellen die Grundlagen sowie Voraussetzungen für eine erfolgreiche Umsetzung der Ingredient-Branding-Strategie dar. *Carsten Schulze, Gerd Nufer* und *Carsten Rennhak* erfassen und analysieren in ihrem Beitrag „Unternehmenskommunikation in regulierten Märkten" die Besonderheiten der kommunikativen Situation für Unternehmen auf regulierten Märkten, verdeutlichen die spezifischen Herausforderungen und erarbeiten Lösungsvorschläge für die Unternehmenspraxis. *Shireen Stengel* und *Carsten Rennhak* befassen sich schließlich mit den aktuellsten Erkenntnissen aus Theorie und Praxis zum „Management der Corporate Identity".

Ich möchte dieses Vorwort nicht schließen, ohne meinen Dank all denjenigen auszusprechen, die durch ihre Beiträge die vorliegende Aufsatzsammlung erst möglich gemacht haben. Dieser Dank gilt den Autorinnen und Autoren ebenso wie dem Reutlingen Research Institut für die großzügige finanzielle Unterstützung der dem Band zugrunde liegenden Forschungsarbeiten. Mein ganz besonderer Dank gilt Frau Lena Gronbach für die unermüdliche Überarbeitung des Manuskripts und die Erstellung des Layouts.

Carsten Rennhak

Inhalt

Kundenbindung

Amparo Galiñanes García/Carsten Rennhak

Die Bedeutung der Kundenbindung hat im Rahmen des Relationship Marketings seit den 80er Jahren in der Wissenschaft und Praxis zugenommen.[1] Nach einer begrifflichen Definition erläutert dieser Abschnitt zunächst die Faktoren, die zur Kundenbindung führen, ihren Nutzen und ihre Kosten sowie das Konzept des Kundenlebenszyklus. Abschließend werden die Faktoren beleuchtet, die zu einer erfolgreichen Implementierung eines Kundenbindungsprogramms führen.

Definition und Begriffsabgrenzung

In der Literatur findet man den Begriff der Kundenbindung unterschiedlich definiert. *Meffert* gibt zwei Sichtweisen von Kundenbindung an, die kaufverhalten- und managementbezogen sind.[2] Die kaufverhaltenbezogene Perspektive sieht die Kundenbindung als die Bereitschaft des Kunden zu Folgekäufen an. Hierbei ist Kundenbindung der „Grad, zu dem private oder institutionelle Nachfrager aufgrund faktischer oder emotionaler Bindungen beim Wiederkauf eine identische Entscheidung bei der Wahl einer Leistung, einer Marke, eines Anbieters oder einer Geschäftsstätte treffen"[3]. Dagegen fasst die managementbezogene Sichtweise die Kundenbindung als Aktivität auf. „Kundenbindung um-

---

[1]   Das Relationship Marketing ist ein Konzept, das seit den 80er Jahren an Bedeutung gewonnen hat. Dies liegt in der Kritik an einem rein transaktionsorientiertem Marketing begründet. Während der Zweck eines transaktionsorientierten Marketings überwiegend in der Akquisition von Kunden liegt, befasst sich das Relationship Marketing mit dem Erhalt und der Steuerung von Kundenbeziehungen. Das Relationship Marketing enthält Maßnahmen der Analyse, Planung, Durchführung und Kontrolle, die dazu dienen, die Geschäftsbeziehung zu den Anspruchsgruppen – insbesondere zu den Kunden – zu initiieren, stabilisieren, intensivieren und wiederaufzunehmen (vgl. *Bruhn* 2001 und *Payne/Rapp* 2003, S. 4).

[2]   Vgl. *Meffert* (2003), S. 129f.

[3]   *Meffert* (2003), S. 129.

1

fasst alle Aktivitäten, die auf die Herstellung oder Intensivierung fakti-scher oder emotionaler Bindungen aktueller Kunden gerichtet ist."[4] Hier-bei sind faktische Beziehungen als solche vertraglicher, technisch-funk-tionaler oder ökonomischer Natur zu verstehen.[5] Die Zufriedenheit der Kunden mit den Leistungen ist ein zentrales Element der emotionalen Bindung.

Die Definition von *Homburg/Bruhn* ist dagegen verhaltensorientiert. Sie betrachtet Kundenbindung als Maßnahme eines Unternehmens, die dazu dient, die bisherigen Verhaltensweisen und die zukünftigen Ver-haltensabsichten eines Kunden gegenüber einem Anbieter oder dessen Leistung positiv zu gestalten. Das Ziel ist, die Beziehung zu diesem Kunden zu stabilisieren.[6] Aufbauend auf diese Definition stellt sich das Kundenbindungsmanagement als „die systematische Analyse, Planung, Durchführung sowie Kontrolle sämtlicher auf den aktuellen Kunden-stamm gerichteten Maßnahmen dar, mit dem Ziel, dass diese Kunden auch in Zukunft die Geschäftsbeziehungen aufrechterhalten oder inten-siver pflegen"[7].

Schließlich setzt *Stauss* die Transaktionsmerkmale der Geschäftsbe-ziehung in den Mittelpunkt seiner Definition von Kundenbindung. Er argumentiert so, dass Kundenbindung nur dann vorliegt, wenn innerhalb eines bestimmten Zeitraumes wiederholte Transaktionen zwischen zwei Geschäftspartnern stattgefunden haben oder geplant sind.[8] *Gaulik et al.* (2002, S. 25) gehen auch auf die Transaktionsmerkmale der Geschäfts-beziehung bei ihrer Definition von Kundenbindung ein. Für sie bezieht sich die Kundenbindung auf den Aufbau und die Aufrechterhaltung einer Geschäftsbeziehung als eine Folge von Transaktionen zwischen Anbieter und Kunde. Im Vordergrund steht nicht die einzelne Trans-aktion, sondern der langfristige Verlauf der Geschäftsbeziehung.

---

4   *Meffert* (2003), S. 129.

5   Vgl. *Meffert* (2003), S. 138.

6   Vgl. *Homburg/Bruhn* (2003), S. 8.

7   *Homburg/Bruhn* (2003), S. 8.

8   Die Transaktionen können Informations-, Güter- oder Finanztransaktionen sein (vgl. *Stauss* 2003, S. 312).

2

Der vorliegende Beitrag definiert Kundenbindung wie folgt: Kundenbindung aus Kundensicht meint eine positive Einstellung und Verhaltensabsicht in Form von Folgetransaktionen gegenüber den Produkten bzw. Dienstleistungen eines Unternehmens. Kundenbindung aus Unternehmenssicht umfasst alle Aktivitäten, die auf die Herstellung oder Intensivierung der Bindung von Kunden gerichtet sind, um eine Stabilisierung und Ausweitung der Beziehung zu den Kunden für die Zukunft zu erreichen.

Determinanten der Kundenbindung

Homburg/Bruhn beschreiben die Determinanten, die zur Kundenbindung führen, in einem Modell.[9] Sie stellen eine klassische Wirkungskette dar, die zur Kundenbindung und zum ökonomischen Erfolg führt. Wie in Abbildung 1 zu sehen ist, steht in der ersten Phase der Erstkontakt des Kunden mit dem Anbieter im Vordergrund. Nach dem Erstkontakt bewertet der Kunde die Situation und bildet in der zweiten Phase sein persönliches Zufriedenheitsurteil.[10] Im Falle einer positiven Bewertung kann in der dritten Phase Kundenloyalität entstehen, die durch ein Vertrauensverhältnis, eine positive Einstellung und die Akzeptanz des Kunden bezüglich der Leistungsfähigkeit des Anbieters charakterisiert ist. Zu diesem Zeitpunkt zeigt der Kunde eine verringerte Wechselbereitschaft und beabsichtigt, in der nächsten Konsumsituation wieder das gleiche Produkt auszuwählen. Eine Kundenbindung in Phase vier kommt zustande, wenn die Absicht aus Phase drei sich in einem Wiederkauf- oder Cross-Buying-Verhalten[11] niederschlägt oder der Kunde Weiterem-

---

9   Vgl. *Homburg/Bruhn* (2003), S. 9f.

10   *Homburg et al.* (2003) bezeichnen die Kundenzufriedenheit als eine wesentliche Vorstufe zur Kundenbindung. Zwischen Kundenzufriedenheit und Kundenbindung besteht ein positiver Zusammenhang. Je stärker die Zufriedenheit mit der Leistung eines Anbieters, desto stärker die Bindung des Kunden an diesen Anbieter.

11   Wiederkauf-Verhalten bezeichnet den erneuten Kauf desselben Produktes oder derselben Dienstleistung. Cross-Buying-Verhalten bezeichnet den Kauf von unterschiedlichen Produkten oder Dienstleistungen derselben Marke oder desselben Unternehmens (vgl. *Homburg/Bruhn* 2003, S. 9).

pfehlungen an andere potenzielle Kunden weitergibt. Eine Steigerung des ökonomischen Erfolges am Ende der Prozesse wird schließlich erreicht. Externe und interne Faktoren beeinflussen den Ablauf dieser Kette und haben daher positive oder negative Auswirkungen auf diese.[12]

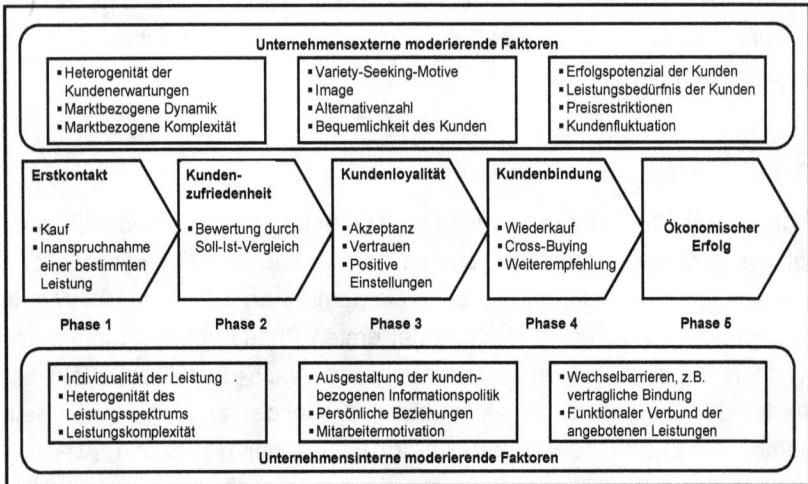

Unternehmensexterne moderierende Faktoren

• Heterogenität der Kundenerwartungen • Marktbezogene Dynamik • Marktbezogene Komplexität	• Variety-Seeking-Motive • Image • Alternativenzahl • Bequemlichkeit des Kunden	• Erfolgspotenzial der Kunden • Leistungsbedürfnis der Kunden • Preisrestriktionen • Kundenfluktuation

Erstkontakt	Kunden- zufriedenheit	Kundenloyalität	Kundenbindung	
• Kauf • Inanspruchnahme einer bestimmten Leistung	• Bewertung durch Soll-Ist-Vergleich	• Akzeptanz • Vertrauen • Positive Einstellungen	• Wiederkauf • Cross-Buying • Weiterempfehlung	Ökonomischer Erfolg
Phase 1	Phase 2	Phase 3	Phase 4	Phase 5

• Individualität der Leistung • Heterogenität des Leistungsspektrums • Leistungskomplexität	• Ausgestaltung der kunden- bezogenen Informationspolitik • Persönliche Beziehungen • Mitarbeitermotivation	• Wechselbarrieren, z.B. vertragliche Bindung • Funktionaler Verbund der angebotenen Leistungen

Unternehmensinterne moderierende Faktoren

Abbildung 1: Wirkungskette der Kundenbindung[13]

Weiterhin wird zwischen zwei Arten der Kundenbindung differenziert: verbundenheitsgetriebene und gebundenheitsgetriebene Kundenbindung.[14] Bei der Verbundenheit wird eine freiwillige Kundenbindung hervorgerufen. Der Kunde sieht hierbei die Vorteile, die die Beziehung zum Unternehmen mit sich bringt. Dem stellt er die Nichtexistenz dieser Beziehung und/oder Beziehungen zu anderen Unternehmen gegenüber. Zwei Einflussfaktoren, die sich auf diese Verbundenheit auswirken, sind Transaktionsqualität und Beziehungsqualität.[15] Bei der Transaktion kommt es innerhalb eines Zeitraumes zum Austausch von Leistungen zwischen Anbieter und Nachfrager. Der Kunde beurteilt die Qualität der

---

12 Vgl. *Homburg/Bruhn* (2003), S. 9f.

13 In Anlehnung an *Homburg/Bruhn* (2003), S. 10.

14 Vgl. *Georgi* (2003), S. 226ff.

15 Vgl. *Georgi* (2003), S. 227ff.

Transaktion.[16] Bei der Beziehungsqualität handelt es sich um die Fähigkeit eines Beziehungspartners, „die Komplexität der Transaktionen zwischen den Beziehungspartnern und die Unsicherheit des jeweiligen Beziehungspartners zu reduzieren sowie die Interaktionseffizienz zu erhöhen"[17].

Gebundenheit ist ein Bindungszustand, der für einen bestimmten Zeitraum fixiert ist.[18] Der Kunde kann in diesen Zustand freiwillig eintreten. Er ist aber innerhalb dieses Zeitraumes aufgrund von bestimmten Parametern (z. B. Vertrag) in seiner Entscheidungsfreiheit hinsichtlich der Nutzung von Leistungen des Anbieters eingeschränkt. Durch die Gebundenheit versucht der Anbieter, Wechselbarrieren aufzubauen, um den Kunden am frühzeitigen Beenden der Geschäftsbeziehung zu hindern. Bei der gebundenheitsbezogenen Kundenbindung sind drei Formen zu unterscheiden (siehe Abbildung 2).[19]

---

16   Die Beurteilung der Transaktionsqualität hat vier Dimensionen: die Leistungsqualität (z. B. die Korrektheit der Ausführung von Banktransaktionen), die Informationsqualität (z. B. Information über den Stand einer Transaktion), die finanzbezogene Qualität (z. B. das Preis-Leistungs-Verhältnis einer Transaktion) und die soziale Qualität (z. B. das Vertrauen des Kunden in den Anbieter). Vgl. dazu z. B. *Georgi* (2003), S. 228.

17   Vgl. *Georgi* (2003), S. 228.

18   *Georgi* (2003), S. 230.

19   *Homburg/Bruhn* (2003, S. 11) führen zwei weitere Ursachen auf, aus denen sich ein Kunde an ein Unternehmen bindet. Bei der situativen Bindung steht der günstigste Standort eines Anbieters aus Sicht des Kunden im Mittelpunkt. Zu der psychologischen Bindung zählen die Kundenzufriedenheit sowie die persönlichen Beziehungen und Gewohnheiten des Kunden. Weiterhin argumentiert *Stauss* (2003, S. 311), dass die Zufriedenheit eines Kunden mit einer Beschwerde auch zur Erhaltung oder Stärkung der Kundenbindung führen kann.

Form der Kundenbindung	Beschreibung
Ökonomische Gebundenheit	Ökonomische Gebundenheit resultiert aus der Errichtung ökonomischer Wechselbarrieren, die bei der Abwanderung einen finanziellen Verlust für den Kunden bedeuten. Beispiele sind Rabatte, Kundenkarten und Abonnements.
Technisch-funktionale Gebundenheit	Technisch-funktionale Gebundenheit kommt zustande, wenn technisch-funktionale Wechselbarrieren errichtet sind. Ein Kunde kann Leistungen des Anbieters nur sinnvoll nutzen, wenn er zusätzlich eine andere Leistung desselben Anbieters in Anspruch nimmt.
Vertragliche Gebundenheit	Vertragliche Gebundenheit resultiert aus der Errichtung juristischer Wechselbarrieren. Hierbei verpflichtet sich der Kunde über einen bestimmten Zeitraum, die Leistungen des Anbieters in Anspruch zu nehmen.

Abbildung 2: Formen der gebundenheitsbezogenen Kundenbindung[20]

Nutzen der Kundenbindung

Bruhn/Georgi (1998, S. 420) definieren den Nutzen der Kundenbindung folgendermaßen: „Der Nutzen des Kundenbindungsmanagements stellt das bewertete Maß der Zielerreichung durch Aktivitäten des Kundenbindungsmanagements dar." Sie zeigen Kategorien des Kundenbindungsnutzens auf (siehe Abbildung 3).

Der Nutzen der Kundenbindung unterscheidet sich nach beziehungsbezogenem und beziehungsneutralem Kundenbindungsnutzen.[21] Der beziehungsbezogene Nutzen folgt aus dem Beziehungserhaltungsnutzen im Falle des Nichtabbrechens der Kundenbeziehung. Ferner aus dem Beziehungsintensivierungsnutzen, der auf Seiten des Kunden eine gesteigerte Preisbereitschaft, eine erhöhte Kauffrequenz und ein höheres Cross-Buying-Potenzial nach sich zieht. Dies führt zu einer Siche-

---

20 In Anlehnung an *Georgi* (2003), S. 234.

21 Vgl. *Bruhn/Georgi* (1998), S. 421f.

rung und Steigerung von Absatz und Umsatz. Die Beziehungserhaltung und -intensivierung hat eine direkte Erlöswirkung und eine indirekte Kostensenkungswirkung zur Folge. Der beziehungsneutrale Nutzen folgt aus dem Kommunikationsnutzen. Eine positive sowie eine negative Kommunikation können auch eine indirekte Erlöswirkung auslösen.

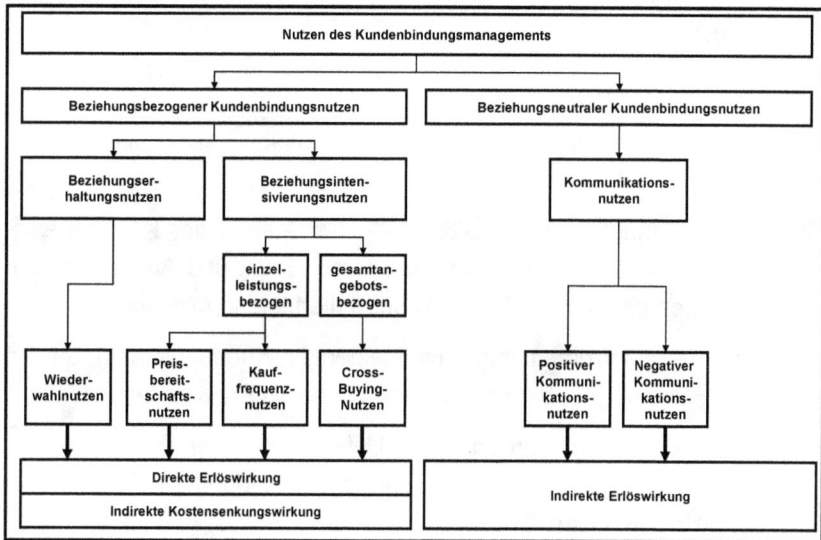

Abbildung 3: Nutzenkategorien des Kundenbindungsmanagements[22]

Zudem verdeutlicht *Reichheld* in einer empirischen Untersuchung, dass mit zunehmender Dauer der Kundenbeziehung auch der daraus resultierende Gewinn ansteigt (siehe Abbildung 4).[23]

---

22   In Anlehnung an *Bruhn/Georgi* (1998), S. 421.
23   Vgl. *Reichheld* (1997), S. 52ff.

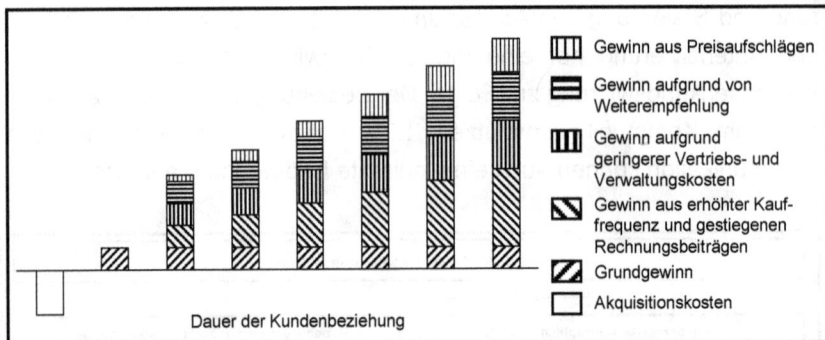

Abbildung 4: Nutzenkategorien im Verlauf einer Kundenbeziehung[24]

Die hohen anfänglichen Investitionen[25] zum Aufbau der Kundenbeziehung sowie die laufenden Kosten für deren Erhalt und Ausbau lohnen sich mit zunehmender Dauer. Die Gründe hierfür sind folgende:[26]

• Die Preiselastizität nimmt mit steigender Kundenbindung ab, so dass Kunden eher bereit sind, einen höheren Preis zu bezahlen.

• Loyale Kunden neigen dazu, ein Unternehmen, mit dem sie zufrieden sind, weiterzuempfehlen und positive Mund-zu-Mund-Propaganda zu betreiben.

• Eine langfristige Kundenorientierung führt eher zu einer Kostensenkung als eine kurzfristige Transaktionsorientierung. Eine lange Kun-

---

24 In Anlehnung an *Reichheld* (1997), S. 52.

25 Während in der Literatur die Nutzenpotenziale der Kundenbindung häufig zu finden sind, werden die Kosten des Kundenbindungsmanagements nur selten beschrieben. *Bruhn/Georgi* (1998, S. 415) definieren Kundenbindungskosten als „den bewerteten Güterverzehr, der durch Aktivitäten zur Steuerung der Kunden im Hinblick auf die Erhaltung beziehungsweise den Ausbau ihrer Beziehung zum Unternehmen entsteht". Sie unterscheiden zwischen zwei Arten von Kundenbindungskosten: Einzel- und Gemeinkosten. Während Einzelkosten sich den einzelnen Geschäftsbeziehungen direkt zuordnen lassen, wie z. B. Ausgaben für kundenspezifischen Service und die individuelle Betreuung eines Käufers, lassen sich die Gemeinkosten den einzelnen Kundenbeziehungsprozessen nicht direkt zuordnen. Sie umfassen z. B. Schulungskosten für Servicemitarbeiter.

26 Vgl. *Reichheld* (1997), S. 52ff.

denbeziehung verursacht weniger Kosten als die Akquisition neuer Kunden.

- Je mehr ein Kunde mit einem Produkt bzw. einer Dienstleistung vertraut ist und je zufriedener er mit den damit verbundenen Zusatzleistungen ist, desto häufiger wird er dieses Produkt oder diese Leistung nutzen. Es kommt zu Folgekäufen und zur Ausschöpfung von Cross- und Up-Selling-Potenzialen.[27]

Kundenlebenszyklus als Instrument der Kundenbindung

Die Beziehungen zwischen Unternehmen und Kunden weisen einen dynamischen Charakter auf, der sich in unterschiedlichen Phasen zeigt. Für eine Analyse dieser Phasen stellt *Bruhn* das Lebenszykluskonzept vor, dem ein Kundenbedarfslebenszyklus und ein Kundenbeziehungslebenszyklus zugrunde liegen.[28] Der Kundenbedarfslebenszyklus stellt die Bedürfnisse der Kunden in den Vordergrund und zeigt sich in zwei Funktionen.[29] Zum einen hat er eine gegenwartsorientierte Steuerungsfunktion, welche die aktuelle Ausnutzung der Kundenpotenziale überprüft. Zum anderen kommt eine zukunftsorientierte Steuerungsfunktion hinzu, bei der das mittel- bis langfristige Erfolgspotenzial eines Kunden aus seinen Bedürfnissen in den verschiedenen Lebensphasen abgeleitet wird.

Dagegen stellt der Kundenbeziehungslebenszyklus die Beziehung zwischen Anbieter und Nachfrager in den Vordergrund.[30] Er zeigt die verschiedenen Phasen einer Kundenbeziehung auf, indem die Beziehungsdauer in Relation zu der Beziehungsintensität gesetzt wird. Nach *Bruhn* beschreibt der Kundenbeziehungslebenszyklus „ideal-typische Gesetzmäßigkeiten im zeitlichen Verlauf einer Kundenbeziehung, die in

---

27 Mit Cross-Selling bezeichnet man den Verkauf von verschiedenen Produkten derselben Marke oder desselben Unternehmens. Unter Up-Selling versteht man den Wechsel eines Kunden zu einem höherwertigen Produkt derselben Marke oder desselben Unternehmens (vgl. *Hippner* 2004, S. 26).

28 Vgl. *Bruhn* (2001), S. 43f.

29 Vgl. *Bruhn* (2001), S. 44f.

30 Vgl. *Bruhn* (2001), S. 46f.

verschiedenen Phasen einer Kundenbeziehung resultieren und aufgrund der Intensität der Kundenbeziehung Schlussfolgerungen für das Relationship Marketing zulassen"[31]. Zur Erklärung des Begriffes Beziehungsintensität unterscheidet er zwischen drei Arten von Indikatoren (siehe Abbildung 5).

Indikator	Beschreibung
Psychologische Indikatoren	Psychologische Indikatoren können die Beziehungsqualität aus Kundensicht und das Vertrauen des Kunden in den Anbieter sein.
Verhaltensorientierte Indikatoren	Verhaltensorientierte Indikatoren umfassen das Kaufverhalten (z. B. Kauffrequenz), das Informationsverhalten (z. B. Grad der Suche nach Informationen über Konkurrenzleistungen) und das Kommunikationsverhalten des Kunden (z. B. Mund-zu-Mund-Kommunikation über den Anbieter).
Ökonomische Indikatoren	Ökonomische Indikatoren umfassen den Kundendeckungsbeitrag und den Kundenwert (Customer Lifetime Value).

Abbildung 5: Indikatoren der Beziehungsintensität[32]

Der Beziehungslebenszyklus lässt sich in drei Kernphasen unterteilen:[33]

- Kundenakquisitionsphase,
- Kundenbindungsphase,
- Kundenrückgewinnungsphase.

Die Kundenakquisitionsphase bezeichnet die Aufnahme der Beziehung zwischen Anbieter und Nachfrager. Während der Anbahnungsphase holt der Kunde Informationen über den Anbieter ein, und der Anbieter ergreift Maßnahmen zur Kundenakquisition. Zu diesem Zeitpunkt findet keine güteraustauschbezogene Transaktion zwischen den beiden beteiligten

---

31 *Bruhn* (2001), S. 46.

32 In Anlehnung an *Bruhn* (2001), S. 46.

33 Vgl. *Bruhn* (2001), S. 47ff.

Parteien statt. Diese Anbahnung führt zur Sozialisation, in der der Kunde erste Erfahrungen mit der Leistung des Anbieters sammelt und der Anbieter Informationen über den Kunden gewinnt.

Die Kundenbindungsphase ist gekennzeichnet durch eine Intensivierung der Beziehung zwischen Anbieter und Nachfrager.[34] In der Wachstumsphase steigt zunächst die Leistungsnutzung durch den Kunden. In der Reifephase können dann die Potenziale des Kunden ausgeschöpft werden. Schließlich tritt die Kundenrückgewinnungsphase ein, die die Beendigung der Kundenbeziehung durch den Kunden bezeichnet und die Gefährdungsphase, die Auflösungsphase sowie die Abstinenzphase umfasst.[35]

Die Identifikation unterschiedlicher Phasen im Kundenbeziehungszyklus ist von großer Bedeutung für die Entscheidung, wie, wann und mit welchen Mitteln der Kunde angesprochen werden kann.[36] Somit dient dieses Konzept des Kundenbeziehungszyklus dem CRM als wertvolle Basis.

Maßnahmen zur Implementierung eines Kundenbindungsmanagements

Zur Implementierung eines Kundenbindungsprogramms müssen folgende Maßnahmen ergriffen werden: der Aufbau von Systemen, die Vereinfachung der Strukturen und die Entwicklung der Kultur (siehe Abbildung 6).[37] Für ein erfolgreiches Kundenbindungsmanagement ist insbesondere beim Aufbau von Systemen ein Database-Management eine bedeutende Grundlage. Unter Database-Management versteht man „die Gewinnung, Verarbeitung und Verwaltung von Kundeninformationen [...]

---

[34] Vgl. *Bruhn* (2001), S. 48ff.

[35] In der Gefährdungsphase spielt der Kunde mit dem Gedanken, die Leistung des Anbieters zukünftig nicht mehr in Anspruch zu nehmen. In der Auflösungsphase trifft der Kunde die Entscheidung, den Anbieter nicht mehr zu nutzen und beendet die Beziehung. In der Abstinenzphase nutzt der Kunde keine Leistungen des Anbieters (vgl. *Bruhn* 2001, S. 50f.).

[36] Vgl. *Stauss* (2004).

[37] Vgl. *Homburg/Bruhn* (2003), S. 25ff.

mit dem Ziel, aus einer Vielzahl von Kundendaten die erfolgsver-
sprechenden Kunden herauszufiltern und mithilfe des bestgeeigneten
Marketing-Mix langfristig eine möglichst profitable Beziehung aufzubauen"[38].

Bergmann (1998, S. 75ff.) ist der Meinung, dass das bei der Implementierung des Kundenbindungsmanagements dem Database-Marketing
eine Schlüsselrolle zukommt. Ein Database-Management hat folgende
Vorteile:[39]

- Die Identifizierung rentabler Kunden auf der Basis von Kundenwer-
  ten.

- Die Gewinnung von Kenntnissen der Kundenprofile, um auf die individuellen Bedürfnisse des Kunden einzugehen. So kann z. B. anhand von Informationen über die Position des Kunden im Lebenszyklus der zukünftige Bedarf erkannt werden, der Kontakt rechtzei-
  tig aufgenommen und Verkaufschancen anderer Leistungen auf-
  getan werden.

- Die Festlegung von kundenspezifischen Marketinginstrumenten.

- Die Identifikation von Markttrends anhand der Analyse von Kundendaten.

- Die Identifikation abwandernder Kunden, die durch Wiedergewin-
  nungsmaßnahmen erneut an das Unternehmen gebunden werden
  können.

---

38 *Link/Hildebrand* (1995), S. 36.
39 Vgl. *Bergmann* (1998), S. 76f.

```
┌─────────────────────────────────────────────────────────────────────┐
│         Maßnahmen zur Implementierung eines Kundenbindungsmanagements │
└─────────────────────────────────────────────────────────────────────┘
```

Systeme	Strukturen	Kultur

Aufbau von Systemen

- Database-Management
- Kundenorientiertes Rechnungswesen (Kundenwert)
- Kontinuierliche Zufriedenheitsanalysen

Vereinfachung von Strukturen

- Kurze Kommunikationswege
- Zugriff auf Kundendaten

Kulturentwicklung

- Leitlinien zur Kundenorientierung
- Strukturierung der internen Kommunikation
- Trainingsmaßnahmen

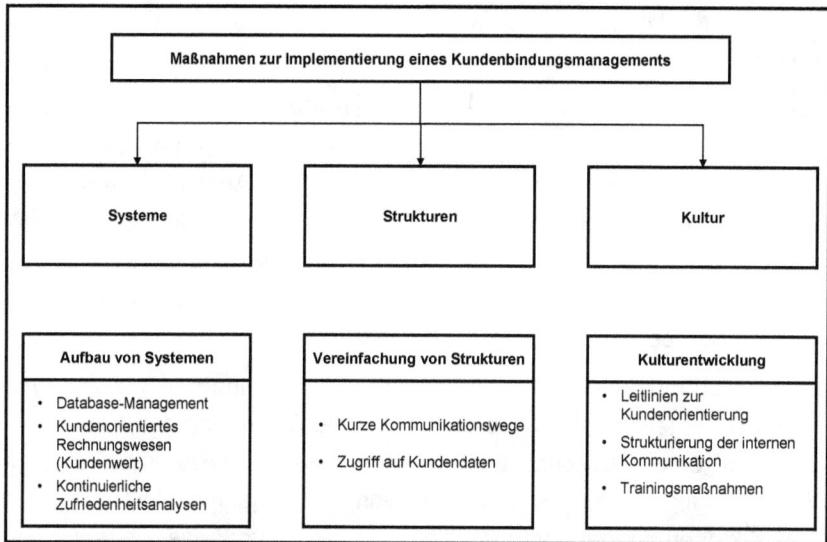

Abbildung 6: Implementierung des Kundenbindungsmanagements[40]

Database-Management gehört zu den wesentlichen Techniken zur aktiven Gestaltung von Kundenbeziehungen.[41] Nur wenn die kaufverhaltensrelevanten Merkmale der Kunden bekannt sind, kann das Unternehmen gezielt diejenigen Marketinginstrumente einsetzen, die den Kunden zufriedenstellen und eine Bindung an die Leistung wahrscheinlich machen.

Beim Aufbau von Systemen ist die regelmäßige Durchführung von Kundenzufriedenheitsanalysen wichtig.[42] Kunden werden hinsichtlich ihrer Zufriedenheit und ihrer Bindung an das Produkt oder an die Dienstleistung im Rahmen der Marktforschung befragt. Hieraus können Rückschlüsse auf neue Entwicklungen in den Bereichen Zufriedenheit und Kundenbindung gezogen werden. Darüber hinaus ist ein kundenorientiertes Rechnungswesen eine notwendige Voraussetzung für die Implementierung des Kundenbindungsmanagements.[43] Zuletzt ist die Eva-

---

[40] In Anlehnung an *Homburg/Bruhn* (2003), S. 25.

[41] Vgl. *Bergmann* (1998), S. 76f.

[42] Vgl. *Homburg/Bruhn* (2003), S. 25ff.

[43] Vgl. *Köhler* (2003).

luierung der Attraktivität von Kunden und ihres Potenzials von Bedeutung.[44]

Strukturelle Maßnahmen sind auch für die Implementierung eines Kundenbindungsmanagements notwendig.[45] Diese umfassen die Gestaltung der Geschäftsbeziehungen zwischen Kunden und Anbieter. Hierbei geht es darum, den Dialog und die Interaktion mit der Kundenbindungszielgruppe zu gestalten und die interne Kommunikation zu verbessern. Zudem ist ein problemloser Zugriff auf Kundendaten, wie z. B. über Call Center, notwendig.

Schließlich muss der Wille zur ständigen Anpassung und Veränderung in der Unternehmenskultur verankert und die Bedeutung der Kundenbindung allgemein bekannt und anerkannt sein.[46] Dies kann erreicht werden durch die Erarbeitung von Unternehmensleitlinien, die Restrukturierung der internen Kommunikation und das Angebot von Schulungen und Trainings für Mitarbeiter.

---

44 Vgl. *Homburg/Bruhn* (2003), S. 26.
45 Vgl. *Homburg/Bruhn* (2003), S. 26.
46 Vgl. *Homburg/Bruhn* (2003), S. 27.

Literatur

Bergmann, K. (1998): Angewandtes Kundenbindungsmanagement, Frankfurt/Main.

Bruhn, M. (2001): Relationship Marketing – Das Management von Kundenbindung, München.

Bruhn, M.; Georgi, D. (1998): Wirtschaftlichkeit des Kundenbindungsmanagements. In: *Bruhn M./Homburg, Chr.* (Hrsg.): Handbuch Kundenbindungsmanagement, 3. Aufl., Wiesbaden, S. 411-439.

Gaulik, T./Kellner, J./Seifert, D. (2002): Effiziente Kundenbindung mit CRM, Bonn.

Georgi, D. (2003): Kundenbindungsmanagement im Kundenbeziehungslebens-zyklus. In: *Bruhn M./Homburg, Chr.* (Hrsg.): Handbuch Kundenbindungsmanagement, 4. Aufl., Wiesbaden, S. 223-243.

Hippner, H. (2004): CRM – Grundlagen, Ziele und Konzepte. In: *Hippner, H./Wilde, K.* (Hrsg.): Grundlagen des CRM – Konzepte und Gestaltung, Wiesbaden, S. 13-41.

Hippner, H./Wilde, K. (2003): CRM – Ein Überblick. In: *Helmke S./Uebel M./Dangel-maier W.* (Hrsg.): Effektives Customer Relationship Management, 3. Aufl., Wiesbaden, S. 4-37.

Homburg, Chr./Bruhn, M. (2003): Kundenbindungsmanagement – Eine Einführung in die theoretischen und praktischen Problemstellungen. In: *Bruhn M./Homburg, Chr.* (Hrsg.): Handbuch Kundenbindungsmanagement, 4. Aufl., Wiesbaden, S. 3-37.

Homburg, Chr./Giering, A./Hentschel, F. (2003): Der Zusammenhang zwischen Kun-denzufriedenheit und Kundenbindung. In: *Bruhn M./Homburg, Chr.* (Hrsg.): Hand-buch Kundenbindungsmanagement, 4. Aufl., Wiesbaden, S. 91-121.

Köhler, R. (2003): Kundenorientiertes Rechnungswesen als Voraussetzung des Kun-denbindungsmanagements. In: *Bruhn M./Homburg, Chr.* (Hrsg.): Handbuch Kun-denbindungsmanagement, 4. Aufl., Wiesbaden, S. 391-422.

Link, J./Hildebrand, V. (1995): Mit IT immer näher zum Kunden. In: Harvard Busi-ness Manager, 3/1995, S. 30-38.

Meffert, H. (2003): Kundenbindung als Element moderner Wettbewerbsstrategien. In: *Bruhn M./Homburg, Chr.* (Hrsg.): Handbuch Kundenbindungsmanagement, 4. Aufl., Wiesbaden, S. 125-145.

Payne, A./Rapp, R. (2003): Relationship Marketing – Ein ganzheitliches Verständnis vom Marketing. In: *Payne, A./Rapp, R.* (Hrsg.): Handbuch Relationship Marketing – Konzeption und erfolgreiche Umsetzung, 2. Aufl., München, S. 3-16.

Reichheld, F. (1997): Der Loyalitätseffekt – Die verborgene Kraft hinter Wachstum und Gewinnen und Unternehmenswert, Frankfurt.

Stauss, B. (2003): Kundenbindung durch Beschwerdemanagement. In: *Bruhn M./ Homburg, Chr.* (Hrsg.): Handbuch Kundenbindungsmanagement, 4. Aufl., Wies-baden, S. 309-336.

Stauss, B. (2004): Grundlagen und Phasen der Kundenbeziehung: Der Kunden-beziehungslebenszyklus. In: *Hippner, H./Wilde, K.* (Hrsg.): Grundlagen des CRM – Konzepte und Gestaltung, Wiesbaden, S. 339-360.

Kundenverständnis durch Marktsegmentierung

Tobias Kesting/Carsten Rennhak

Als wichtige Triebkraft für die steigende Bedeutung von Marktsegmentierungsstrategien ist ein Paradigmenwechsel anzuführen, der sich auf eine veränderte Sichtweise von Anbietern bezieht. Customer Relationship Management (CRM) gewinnt daher immer mehr an Bedeutung. Zielsetzung dieses kundenorientierten Beziehungsmanagements ist die Erhöhung der Kundenloyalität zur Steigerung der Kundenprofitabilität.[1] Mittels moderner CRM-Systeme lässt sich jeder Geschäftsvorgang zur Gewinnung zusätzlicher Kundeninformationen nutzen,[2] u. a. zur Identifizierung von Kaufverhaltensmustern.[3] Marktsegmentierungen liefern in diesem Zusammenhang zusätzliche und detaillierte Informationen über Märkte und Käufer und ermöglichen so auch eine leichtere Identifizierung von Kundenbedürfnissen. Dementsprechend bilden Segmentierungsanalysen und aus ihnen ermittelte Kundenprofile die Grundlage für ein erfolgreiches CRM.[4]

Marktsegmentierung

In den fünfziger Jahren des letzten Jahrhunderts sind die ersten Artikel über Marktsegmentierungen erschienen.[5] Seitdem gab es zahlreiche unterschiedliche Ansätze[6] zu diesem Thema, die jedoch folgende Grundidee gemeinsam haben: Sie gehen von einem Gesamtmarkt aus, der sich aus einer großen Anzahl tatsächlicher und potenzieller Käufer zusammensetzt, die unterschiedliche Bedürfnisse in Bezug auf die an-

---

1   Vgl. *Becker* (2001), S. 908f.

2   Vgl. *Becker* (2001), S. 908.

3   Vgl. *Bagozzi et al.* (2000), S. 293f.

4   Vgl. *Böcker et al.* (2004), S. 50.

5   Vgl. hierzu *Hummel* (1954), S. 34ff. und *Smith* (1956), S. 3ff.

6   Vgl. hierzu *Horst* (1988), S. 350ff., *Bauer* (1989), S. 46ff. und *Backhaus* (1999), S. 210ff.

gebotenen Produkte aufweisen. Vor diesem Hintergrund empfiehlt sich eine Aufteilung des Gesamtmarktes anhand bestimmter Käufermerkmale, so dass spezifischen Bedürfnisstrukturen von Teilmärkten durch differenzierte Marktleistungen gezielt Rechnung getragen werden kann. Eine derartige Ausrichtung der Unternehmenstätigkeit an den Vorstellungen der Nachfrager spiegelt den Grundgedanken des Marketings wider.[7] Unter Marktsegmentierung wird somit die Aufteilung eines Gesamtmarktes in bezüglich ihrer Marktreaktion intern homogene und untereinander heterogene Untergruppen (sogenannte Marktsegmente) sowie die Bearbeitung eines oder mehrerer dieser Marktsegmente verstanden.[8] Hauptziel der Marktsegmentierung ist die Realisierung eines möglichst hohen Identitätsgrades zwischen dem Angebot und den speziellen Bedürfnissen der anvisierten Käufergruppen.[9] Somit dient sie „(...) einerseits der Marktidentifizierung (...) sowie andererseits der besseren Befriedigung der Konsumentenbedürfnisse durch den differenzierten Einsatz der Marketinginstrumente"[10]. Aufgrund der Tatsache, dass das Angebot gezielt auf die Bedürfnisse bestimmter Käufergruppen abgestimmt werden kann, lässt sich wesentlich leichter ein Kundenstamm aufbauen, der sich mit der angebotenen Leistung identifiziert. Zudem sind Nachfrager auch eher bereit, mehr für ein Produkt zu bezahlen, das ihren speziellen Vorstellungen und Wünschen Rechnung trägt.[11] Außerdem kann der Wettbewerbsdruck in Segmenten geringer

---

7   Vgl. *Meffert* (2000), S. 181.

8   *Meffert* (2000), S. 181. Diese auch als Marktsegmentierung im weiteren Sinne bezeichnete Sichtweise hat sich in der Marketingliteratur durchgesetzt (vgl. hierzu z. B. *Freter* 1983, S. 18 und *Kotler/Bliemel* 2001, S. 415). Sie umfasst demnach nicht nur die Aufteilung des Marktes, sondern auch die gezielte individuelle Bearbeitung von Teilsegmenten mittels eines auf sie abgestimmten segmentspezifischen Marketing-Mixes (vgl. *Freter* 1983, S. 18). Unter Marktsegmentierung im engeren Sinne hingegen versteht man lediglich den Vorgang der Marktaufteilung durch Bildung von Segmenten. Diese Interpretation des Begriffes Segmentierung als bloße Aufteilung des Gesamtmarktes wurde in den siebziger Jahren des letzten Jahrhunderts vereinzelt vertreten (vgl. *Walters/Paul* 1970, S. 61ff. und *Boyd/Massy* 1972, S. 87ff.).

9   Vgl. *Meffert* (2000), S. 183.

10   *Meffert* (2000), S. 183.

11   Vgl. *Bänsch* (1998), S. 88f.

sein als auf einem undifferenzierten Massenmarkt. In diesem Zusammenhang empfiehlt sich auch eine Konzentration des Anbieters auf die für ihn attraktivsten Segmente. Damit kann die Gefahr reduziert werden, in einigen Teilmärkten einer übermäßig starken Konkurrenz gegenüber zu stehen, die möglicherweise über substanzielle Wettbewerbsvorteile verfügt.[12] Gerade diese Überlegungen verdeutlichen, dass die Marktsegmentierung ein wesentlich flexibleres Konzept darstellt als das klassische Massenmarketing und dem Anwender somit erheblich mehr Handlungsspielraum eröffnet.

Zudem ermöglichen Segmentierungsstrategien eine Verlagerung des Wettbewerbs von der reinen Preis- auf die Qualitätsebene. Dies kann sich besonders in Zeiten stagnierender Märkte mit zunehmendem Verdrängungswettbewerb als bedeutsam erweisen.[13] Abgesehen davon erhöhen Segmentierungsaktivitäten auch den Informationsstand über Gesetzmäßigkeiten und Strukturen des jeweils betrachteten Marktes, denn durch eine Aufteilung in Segmente können Marktentwicklungen besser prognostiziert werden. Dies wiederum erlaubt eine zieladäquate re Verwendung des zur Verfügung stehenden Marketingbudgets.[14]

Obwohl sie Unternehmen grundsätzlich hohe Erfolgschancen bietet, weist auch die Marktsegmentierungsstrategie gewisse Grenzen auf. So erfordert sie mehrere, auf die jeweiligen Segmente abgestimmte, spezifische Marketing-Konzepte, was zwangsläufig mit erheblichem zeitlichen und finanziellen Aufwand verbunden ist. Darüber hinaus erschwert die segmentspezifische Produktdifferenzierung die Möglichkeit der Massenproduktion und die Ausschöpfung der damit verbundenen Vorteile. Da aus zeitlichen, finanziellen und organisatorischen Gründen eine Bearbeitung aller Segmente oft nicht möglich ist, führt die Auswahl bestimmter Teilmärkte letztlich zu einer Beschränkung der Marktabdeckung.[15] Konzentrieren sich segmentierende Unternehmen in diesem Zusammenhang nur auf einen oder sehr wenige Ausschnitte des Mark-

---

12 Vgl. *Kotler/Bliemel* (2001), S. 415 und 419.

13 Vgl. *Becker* (2001), S. 289.

14 Vgl. *Meffert* (2000), S. 183.

15 Vgl. *Pepels* (1995), S. 127.

tes, begeben sie sich in eine starke Abhängigkeit von der Marktsituation in den betreffenden Segmenten. Zur Risikostreuung bietet sich in solchen Fällen eventuell eine Kombination der Segmentierungsstrategie mit einer Diversifizierungsstrategie an.[16] Außerdem ist noch auf zwei Gefahren hinzuweisen, die infolge unzureichend ausgearbeiteter Segmentierungskonzepte auftreten können. Wird ein Markt künstlich zu stark unterteilt, so spricht man von einer Oversegmentation. Abgesehen davon besteht noch die Gefahr, dass sich Unternehmen zu stark auf ein Segment konzentrieren und dabei gleichzeitig andere vernachlässigen. Durch diese Overconcentration wird letztlich Marktpotenzial verschenkt.[17]

Segmentierungskriterien und -ansätze

Kriterien zur Segmentierung müssen bestimmte Bedingungen erfüllen. In der Literatur werden üblicherweise sechs Anforderungen an sie gestellt,[18] die u. a. dazu dienen, die Zweckmäßigkeit der Marktaufteilung zu gewährleisten (vgl. Abbildung 1).[19]

---

16   Vgl. *Bänsch* (1998), S. 89.

17   Vgl. *Becker* (2001), S. 291.

18   Vgl. u. a. *Freter* (1983), S. 43f. und *Meffert* (2000), S. 186f.

19   Vgl. *Meffert* (2000), S. 186.

Anforderungen an Segmentierungskriterien	
Kaufverhaltensrelevanz	Geeignete Indikatoren für zukünftiges Kaufverhalten
Messbarkeit (Operationalität)	Messbar und erfassbar mit den vorhandenen Marktforschungsmethoden
Erreichbarkeit bzw. Zugänglichkeit	Gewährleistung einer gezielten Ansprache der gebildeten Segmente
Handlungsfähigkeit	Gewährleistung des gezielten Einsatzes des Marketinginstrumentariums
Wirtschaftlichkeit	Nutzen der Erhebung sollte größer sein als die dafür anfallenden Kosten
Zeitliche Stabilität	Längerfristige Gültigkeit der mittels der Kriterien erhobenen Informationen

Abbildung 1: Anforderungen an Segmentierungskriterien[20]

Die **geographische Segmentierung** gilt als die älteste Form der Marktsegmentierung.[21] Dies ist zum einen auf die räumliche Verteilung der Bevölkerung zurückzuführen und zum anderen darauf, dass sich in bestimmten Regionen eine eigenständige Kultur mit spezifischen Verhaltensmustern entwickelt hat.[22] Darüber hinaus können auch klimatische Bedingungen einen Einfluss auf das Kaufverhalten haben.[23] Die klassische geographische Segmentierung unterteilt den Markt in verschiedene regionale Einheiten.[24] Der Vorteil des geographischen

---

20 Vgl. *Meffert* (2000), S. 186ff.

21 Vgl. *Bagozzi et al.* (2000), S. 304.

22 Vgl. *Freter* (1983), S. 52.

23 Vgl. *Bagozzi et al.* (2000), S. 304.

24 Vgl. *Kotler/Bliemel* (2001), S. 432. Große international agierende Unternehmen segmentieren häufig nach Ländern oder größeren geographischen Regionen. Tendenziell widmen sie inzwischen aber auch den geographischen Einheiten innerhalb eines Landes mehr Aufmerksamkeit (vgl. z. B. *Bagozzi et al.* 2000, S. 304). Dies können u. a. Bundesländer, Städte, Landkreise oder Gemeinden sein. Für den deutschen Markt wird häufig die bekannte Einteilung in Nielsen-Gebiete herangezogen (vgl. hierzu *Meffert* 2000 S. 189f.). Dieses Konzept des Marktforschungsinstitutes ACNielsen unterteilt das Bundesgebiet in Regionen, die sich an den Bundesländern orientieren. Darüber hinaus werden auch die bedeutsamsten Ballungsräume berücksichtigt und separat betrachtet (vgl. www.acnielsen.de).

Segmentierungsansatzes liegt in erster Linie in der leichten Verfügbarkeit der benötigten Daten. Eine Segmentierung nach geographischen Kriterien erscheint vor allem bei Produktgruppen sinnvoll, bei denen spezifische regionale Präferenzen der Käufer zu erkennen sind. Somit bietet dieser Segmentierungsansatz durchaus wertvolle Anregungen für die Konzeption regionaler Marketingprogramme, was allerdings so nur für eine sehr begrenzte Anzahl von Produktgruppen gilt.[25] Eine weitere Form der klassischen Segmentierung stellt neben dem geographischen Ansatz die **soziodemographische Segmentierung** dar.[26] Hierbei unterscheidet man üblicherweise zwischen demographischen und sozioökonomischen Kriterien (vgl. Abbildung 2).

Soziodemographische Segmentierungskriterien	
Demographische Kriterien	**Sozioökonomische Kriterien**
• Geschlecht • Alter • Familienstand • Anzahl und Alter der Kinder • Haushaltsgröße	• Schulabschluss • Ausbildung • Beruf • Einkommen • Staatsangehörigkeit • Religionszugehörigkeit

Abbildung 2: Soziodemographische Segmentierungskriterien[27]

Die soziodemographische Segmentierung bedient sich Populationscharakteristika zur Abgrenzung von Konsumentengruppen. Sie geht von einer starken Korrelation der Konsumpräferenzen mit den von ihr eingesetzten Variablen aus.[28] Soziodemographischen Kriterien fällt im

---

25 Vgl. *Vossebein* (2000), S. 23f. Außerdem stellt die makrogeographische Segmentierung lediglich einen indirekten bzw. groben Bezug zum tatsächlichen Kaufverhalten her *(vgl. Meffert* 2000, S. 189). Folglich liefert eine ausschließlich nach geographischen Gesichtspunkten durchgeführte Segmentierung nur relativ begrenzte Informationen darüber, inwieweit reale Unterschiede hinsichtlich der Einstellungen, Werte und Präferenzen von Kunden bestehen (vgl. *Bagozzi et al.* 2000, S. 304).

26 Vgl. *Bruns* (2000), S. 50.

27 Vgl. *Meffert* (2000), S. 188 und *Vossebein* (2000), S. 25.

28 Vgl. *Bagozzi et al.* (2000), S. 300.

Rahmen der Marktsegmentierung quasi eine Schlüsselrolle zu. Selbst in den Fällen, in denen nur Segmentierungskriterien aus anderen Kategorien zum Einsatz kommen, werden sie zur Beschreibung gebildeter Segmente herangezogen.[29] Der Hauptvorteil des soziodemographischen Segmentierungsansatzes liegt in der leichten Erfass- und Messbarkeit der Kriterien.[30] Allerdings beinhalten sie keine direkten Informationen im Bezug auf Präferenzen und Motive der Käufer. Sie sagen daher nur sehr begrenzt etwas über Gewohnheiten, Einstellungen und Werte der Nachfrager aus.[31]

Aufgrund ihrer vergleichsweise geringen Relevanz zur Prognose des Kaufverhaltens sowie ihrer eingeschränkten Aussagefähigkeit im Hinblick auf die Gestaltung des Marketinginstrumentariums verliert der ausschließliche Einsatz soziodemographischer Segmentierungskriterien zunehmend an Bedeutung. Stattdessen werden sie verstärkt mit Kriterien aus anderen Kategorien kombiniert.[32]

Die **psychographische Segmentierung** bezweckt die Definition von Käufergruppen anhand von Merkmalen, die zur Bildung gleichartiger, psychisch verwandter Gruppierungen führen.[33] Psychographische Kriterien tragen somit u. a. der Tatsache Rechnung, dass Individuen trotz ihrer Zugehörigkeit zur gleichen demographischen Gruppierung teilweise völlig unterschiedliche Ansichten und Einstellungen haben können.[34] Nach wie vor besteht allerdings keine einheitliche Auffassung[35] darüber, welche Merkmale man nun konkret unter dem Begriff

---

29 Vgl. *Bagozzi et al.* (2000), S. 300. Sie ermöglichen u. a. Einschätzungen im Hinblick auf die Marktgröße und die Erreichbarkeit der Nachfrager *(vgl. Kotler et al.* 2003, S. 456).

30 Zudem gelten die Segmentierungsergebnisse als zeitlich stabil (vgl. *Meffert* 2000, S. 194).

31 Vgl. *Bagozzi et al.* (2000), S. 300.

32 Vgl. *Meffert* (2000), S. 194f.

33 Vgl. *Becker* (2001), S. 255f.

34 Vgl. *Kotler et al.* (2003), S. 459.

35 So sind z. B. bei *Böhler* (1977, S. 83ff.), *Freter* (1983, S. 58ff.) und *Kotler/Bliemel* (2001, S. 438ff.) jeweils unterschiedliche Systematisierungen der Segmentierung nach psychographischen Kriterien zu finden.

der psychographischen Segmentierung zusammenfasst.[36] Dennoch lässt sich diesbezüglich zumindest eine grundsätzliche Untergliederung in allgemeine Persönlichkeitsmerkmale[37] und produktspezifische Merkmale vornehmen (vgl. Abbildung 3). Insbesondere die produktspezifischen Variablen der psychographischen Segmentierung lassen konkretere Aussagen im Hinblick auf das tatsächliche Konsumverhalten zu.[38]

Einzelne Motive stellen ebenfalls einen konkreteren Bezug zum Kaufverhalten her. Motive sind jedoch durchaus auch in Bezug auf die Markenwahl von Bedeutung, und zwar dann, wenn gewisse Marken einer Produktart in unterschiedlich hohem Maße dafür geeignet sind, bestimmte Bedürfnisse zu befriedigen.[39] In diesem Zusammenhang spielen auch Präferenzen eine maßgebliche Rolle. Ein Konsument bewertet verschiedene Produkte und entwickelt dabei Präferenzen für eine bestimmte Marke.[40] Kaufabsichten können als letzte Vorstufe zur eigentlichen Kaufhandlung angesehen werden.[41]

---

36 Vgl. *Becker* (2001), S. 256.

37 Die Persönlichkeit eines Menschen spiegelt sich in Charakterzügen wie Kontaktfähigkeit, Ehrgeiz oder Risikofreude wider. Allerdings sind derartige Merkmale nur schwer messbar. Abgesehen davon ist ihr Bezug zum Kaufverhalten eher gering (vgl. *Böhler* 1977, S. 85ff. und *Meffert* 2000, S. 199). Allgemeine Einstellungen bilden ebenfalls keine besonders gute Ausgangsbasis für verlässliche Prognosen hinsichtlich eines bestimmten Kaufverhaltens (vgl. *Meffert* 2000, S. 196).

38 Dementsprechend bieten sie bessere Anhaltspunkte für die Ausgestaltung des Marketinginstrumentariums. Sie können für bestimmte Produktgruppen oder Produkte erhoben werden (vgl. *Gierl* 1989, S. 766ff.).

39 Vgl. *Freter* (1983), S. 61. Grundsätzlich ist es auch möglich, Konsumenten mit ähnlichen produktspezifischen Wahrnehmungen zu Segmenten zusammenzufassen. Dies bietet sich insbesondere bei einer Aufteilung des Marktes anhand von Idealmarkenvorstellungen an. Letztere spiegeln die subjektiven Kombinationen von als ideal empfundenen Eigenschaftsausprägungen wider (vgl. *Freter* 1983, S. 72).

40 Vgl. *Kotler/Bliemel* (2001), S. 360f.

41 Vgl. *Howard/Sheth* (1969), S. 416.

24

Psychographische Segmentierungskriterien	
Allgemeine Persönlichkeitsmerkmale	**Produktspezifische Merkmale**
• Soziale Orientierung • Risikofreudigkeit • Allgemeine Einstellungen	• Spezifische Einstellungen • Motive • Wahrnehmungen • Präferenzen • Kaufabsichten

Abbildung 3: Psychographische Segmentierungskriterien[42]

Insgesamt ist festzuhalten, dass die Kaufverhaltensrelevanz produktspezifischer psychographischer Merkmale wesentlich höher einzuschätzen ist als die von allgemeinen Persönlichkeitsmerkmalen. Gleiches gilt für die Aussagekraft in Bezug auf die Gestaltung des Marketinginstrumentariums. Es darf aber nicht außer Acht gelassen werden, dass die Messung psychographischer Kriterien nicht unproblematisch ist und in der Regel relativ aufwändige Primärerhebungen erfordert.[43]

Während geographische, soziodemographische und psychographische Segmentierungskriterien lediglich Hintergrundcharakteristika der Nachfrager beschreiben,[44] spiegeln **verhaltensorientierte Segmentierungskriterien** das Ergebnis von Kaufentscheidungsprozessen wider. Analog zu den vier Marketinginstrumenten lässt sich bei diesem Segmentierungsansatz eine Untergliederung in produkt-, preis-, kommunikations- und vertriebsbezogene Merkmale vornehmen (vgl. Abbildung 4).[45]

---

[42] Vgl. *Freter* (1983), S. 46 und *Meffert* (2000), S. 188.

[43] Vgl. *Becker* (2001), S. 292f.

[44] Vgl. *Bagozzi et al.* (2000), S. 299.

[45] Vgl. *Freter* (1983), S. 87.

Verhaltensorientierte Segmentierungskriterien	
Produktwahl	• Käufer/Nichtkäufer der Produktart • Markenwahl • Kaufvolumen
Preisverhalten	• Preisklassen • Reaktion auf Sonderangebote
Mediennutzung	• Art und Zahl der Medien • Intensität der Nutzung
Wahl der Einkaufs-stätten	• Betriebsformen • Geschäftstreue/-wechsel

Abbildung 4: Verhaltensorientierte Segmentierungskriterien[46]

Im Hinblick auf die Produktwahl werden insbesondere drei Aspekte beleuchtet. Zunächst einmal ist von Interesse, ob Verbraucher bestimmte Produktarten kaufen oder nicht. Mögliche Ansatzpunkte zur Marktsegmentierung in Bezug auf die Markenwahl können Markenkäufer bestimmter Marken oder Konsumenten von Marken bestimmter Marktschichten wie Premiummarken sein. Ein weiterer relevanter Aspekt ist das Kaufvolumen oder die Verbrauchsintensität.[47] Eine verhaltensorientierte Segmentierung bietet sich auch im Hinblick auf das Preisverhalten an. Von Interesse sind hier insbesondere Parameter wie der Kauf in gewissen Preisklassen oder die Reaktion von Konsumenten auf Sonderangebote.[48] Mittels einer Analyse im Hinblick auf Art und Anzahl der verwendeten Medien sowie deren Nutzungsintensität können Werbe-

---

[46] In Anlehnung an *Freter* (1983), S. 46.

[47] Darunter versteht man die Kaufmenge, die Konsumenten innerhalb eines bestimmten Zeitraums im Durchschnitt kaufen bzw. verbrauchen. Anhand dieser Angaben lassen sie sich in bestimmte Segmente wie Viel-, Normal- oder Wenig-Käufer gliedern (vgl. *Freter* 1983, S. 88ff. und *Becker* 2001, S. 270ff.).

[48] Allerdings müssen die ermittelten Ergebnisse zeitlich einigermaßen stabil sein, wenn daraus auf zukünftiges Kaufverhalten geschlossen werden soll (vgl. *Meffert* 2000, S. 210). Segmentierungen nach dem beobachtbaren Preisverhalten können sowohl produktbezogen als auch personenbezogen erfolgen. Ebenfalls denkbar ist eine Kombination beider Erfassungskonzepte (vgl. *Becker* 2001, S. 273).

träger gezielt für die verschiedenen Teilsegmente festgelegt werden.[49] Relevante Kriterien im Hinblick auf die Einkaufsstättenwahl sind in erster Linie Präferenzen bezüglich bestimmter Betriebstypen sowie die Geschäftstreue.[50] Verhaltensorientierte Kriterien weisen im Großen und Ganzen eine vergleichsweise hohe Kaufverhaltensrelevanz auf und sind zudem relativ leicht messbar. Letzteres trifft insbesondere auf die Mediennutzung zu, für die gute Sekundärstatistiken verfügbar sind.[51] Insgesamt gelten verhaltensorientierte Segmentierungen als wirtschaftlicher als der psychographische Ansatz,[52] erfassen allerdings die Entstehung von Kaufentscheidungsprozessen nicht.[53]

Im Folgenden werden nun die auf Basis der oben beschriebenen Segmentierungskriterien entwickelten Sonderformen aggregierter Segmentierung im B2C-Bereich vorgestellt. Sie zeigen auf, inwieweit Trennschärfe und Aussagekraft von Segmentierungen durch spezifische Kriterienkombinationen substanziell erhöht werden können.

---

[49] Wird darüber hinaus auch noch die interpersonelle Kommunikation beleuchtet, lässt sich zudem eine Unterteilung in Meinungsführer und Meinungsfolger vornehmen (vgl. *Vossebein* 2000, S. 34).

[50] Oft werden sie in Verbindung mit psychographischen Merkmalen zur Bildung einer Einkaufsstättentypologie herangezogen (vgl. *Heinemann* 1989), da sich eine direkte Ansprache spezifischer Konsumentengruppen als sehr schwierig erweist, falls die Wahl der Einkaufsstätte als isoliertes Segmentierungskriterium zum Einsatz kommt (vgl. *Vossebein* 2000, S. 35).

[51] Vgl. *Freter* (1983), S. 93ff.

[52] Vgl. *Becker* (2001), S. 293.

[53] Dementsprechend lassen sie meist keine Rückschlüsse darauf zu, wie lange das beobachtete Kaufverhalten anhält, da es keine Hinweise darauf gibt, welche der verwendeten Variablen darauf konkret Einfluss haben. Somit bietet der alleinige Einsatz verhaltensorientierter Kriterien nur eine eingeschränkte Aussagekraft zur Identifizierung homogener Segmente und gewährleistet häufig deren gezielte Ansprache nicht. Als sinnvoller erweist sich daher der Einsatz verhaltensorientierter Merkmale in Verbindung mit Kriterien aus anderen Kategorien (vgl. *Scharf et al.* 1996, S. 60ff. und *Meffert* 2000, S. 210).

Das **Konzept der sozialen Schichtung** ist als Sonderfall der soziodemographischen Segmentierung anzusehen.[54] Der sozialen Schichtung liegt üblicherweise eine Kombination der sozioökonomischen Kriterien Einkommen, Beruf und Ausbildung zugrunde.[55] Obwohl soziale Schichten anhand der drei herangezogenen Variablen relativ stabile homogene Gruppierungen verkörpern, verliert das Schichtenkonzept zunehmend an Bedeutung.[56]

Eine weitere Sonderform der soziodemographischen Segmentierung stellt der sogenannte **Familien-Lebenszyklus** dar.[57] Gemäß dem Familien-Lebenszyklus wird das Leben von Konsumenten in mehrere Abschnitte unterteilt, denen jeweils ein spezifisches Konsumverhalten

---

[54]   Unter einer sozialen Schicht versteht man eine große Anzahl von Einzelpersonen oder Haushalten, die durch denselben sozialen Status sowie durch gleichartige Lebensumstände gekennzeichnet ist. Daraus abgeleitet unterstellt man eine weitgehende Einheitlichkeit bezüglich des Konsumverhaltens (vgl. *Pepels* 2000, S. 70).

[55]   Vgl. u. a. *Meffert* (2000), S. 193f. und *Berekoven et al.* (2004), S. 245. Konsumenten unterer Schichten zeichnen sich im Allgemeinen durch eine leichte Präferenz für preiswertere Geschäfte mit sozialen Kontaktmöglichkeiten aus. Angehörige höherer Schichten hingegen weisen gewöhnlich ein anderes Kaufverhalten auf. Sie informieren sich besser und entscheiden eher rationaler und überlegter (vgl. *Kuhlmann* 2001, S. 1514f.).

[56]   Vgl. *Becker* (2001), S. 254. Früher war es aufgrund eines viel stärker ausgeprägten Rollenverhaltens in der Gesellschaft wesentlich aussagekräftiger (vgl. *Berekoven et al.* 2004, S. 245). Das Verhalten von Konsumenten ist inzwischen jedoch verstärkt durch Individualisierungs- und Polarisierungstendenzen gekennzeichnet (vgl. *Meffert* 2000, S. 194), und insbesondere in nivellierten Mittelstandsgesellschaften weist die Schichtenzugehörigkeit einen eher geringen Bezug zu tatsächlichen Kaufhandlungen auf (vgl. *Kuhlmann* 2001, S. 1514f.). Somit führt eine Segmentierung auf Basis der sozialen Schichtung oft zu Abgrenzungsproblemen und ermöglicht inzwischen nur noch selten die Bildung eindeutiger Marktsegmente zur Klassifizierung von Käufern mit ähnlicher Lebensweise und gleichartigen Verhaltensmustern (vgl. *Meffert* 2000, S. 194).

[57]   Der Begriff Lebenszyklus bezeichnet den in mehrere Phasen eingeteilten Lebensablauf von Personen. Im vorliegenden Fall bildet die Familie das Bezugsobjekt für diesen Lebensablauf (vgl. *Kroeber-Riel/Weinberg* 2003, S. 449f.).

zugeordnet wird.[58] Empirische Untersuchungen haben ergeben, dass die Stellung im Familien-Lebenszyklus stark mit dem Kauf bestimmter Produkte und Dienstleistungen korreliert, die in gewissen Lebensphasen verstärkt nachgefragt werden. Somit ist eine gewisse Aussagekraft im Hinblick auf Käufe in der Produktart gegeben.[59] Wesentlich schwieriger ist allerdings eine trennscharfe Abgrenzung einzelner Segmente, die sich durch spezifische Bedürfnisse und unterschiedliche Reaktionen auf Marketing-Stimuli auszeichnen.[60] Analog zur sozialen Schichtung wird somit auch der Kaufverhaltensbezug dieses Konzepts dadurch eingeschränkt, dass lediglich Kriterien aus dem soziodemographischen Bereich zur Segmentbildung herangezogen werden.

Die **mikrogeographische Segmentierung** ist eine Weiterentwicklung des herkömmlichen makrogeographischen Segmentierungsansatzes, der nur vage Bezüge zum Kaufverhalten herstellt[61] und daher oft nicht aussagekräftig genug ist, um eindeutig voneinander abgrenzbare Segmente zu erhalten. Die hinter dem mikrogeographischen Konzept stehende Grundidee ist die sogenannte Neighbourhood-Affinität, die von der Prämisse ausgeht, dass sich Personen mit ähnlichem Lebensstil und

---

58 Der Familien-Lebenszyklus kombiniert mehrere demographische Merkmale zu einem Gesamtkonstrukt und macht dadurch Unterschiede im Kaufverhalten besser deutlich als eine herkömmliche Segmentierung auf Basis einzelner soziodemographischer Angaben (vgl. *Müller-Hagedorn* 2001, S. 466). Als gängige Kriterien werden hierfür der Familienstand, die Zahl der Kinder sowie das Alter der Haushaltsmitglieder bzw. Ehepartner herangezogen (vgl. u. a. *Freter* 1983, S. 54 und *Meffert* 2000, S. 193). Das Modell von *Wells/Gubar* (1966, S. 355ff.) unterscheidet z. B. neun Phasen im Familien-Lebenszyklus.

59 Vgl. *Freter* (1983), S. 55f. Dieser Zusammenhang ermöglicht bei vielen Produkten die Ableitung der Marktgröße aus der Position von Personen im Familien-Lebenszyklus (vgl. *Vossebein* 2000, S. 27).

60 Vgl. *Freter* (1983), S. 56. Abgesehen davon wird die Aussagekraft dieses Segmentierungsansatzes zunehmend dadurch beeinträchtigt, dass immer mehr Verbraucher trotz unterschiedlicher Stellung im Familien-Lebenszyklus dasselbe Konsumverhalten hinsichtlich bestimmter Produktgruppen aufweisen (vgl. *Vossebein* 2000, S. 27f.).

61 Vgl. *Meffert* (2000), S. 189.

Sozialstatus sowie vergleichbarem Kaufverhalten räumlich konzentrieren.[62]

Der mikrogeographische Segmentierungsansatz wurde in Deutschland in erster Linie für Direktmarketing-Aktivitäten entwickelt,[63] da Informationen über (potenzielle) Kunden in diesem Bereich die Grundlage für die Segmentierung und Auswahl von Zielgruppen bilden.[64] Mikrogeographische Konzepte können für eine Vielzahl von Marketing-Aufgaben eingesetzt werden, u. a. für Markt- und Kundenanalysen, für Bewertungen von Interessenten und Kunden sowie zur Optimierung von Kommunikationsmaßnahmen.[65] Ein professionell betriebenes Database-Management ist unabdingbare Voraussetzung für eine erfolgreiche

---

[62] Vgl. *Meyer* (1989), S. 343. Daher erfolgt im Rahmen dieses Segmentierungsansatzes eine räumliche Aufteilung der Endverbraucher in möglichst kleine Wohngebietszellen (vgl. *Meffert* 2000, S. 189). Zu diesem Zweck bildet man regionale Bezugseinheiten wie Wohngebietstypen und konkretisiert sie mittels zusätzlicher demographischer und verhaltensorientierter Daten der Bewohner sowie Angaben über die Ausstattung dieser geographischen Räume. Zur Gewinnung der hierfür benötigten Informationen können neben Daten des Statistischen Bundesamtes u. a. auch Kundendaten von Telekommunikationsdiensten, Verlagen oder Versandhäusern herangezogen werden. Im Anschluss daran wird aus dem gesammelten Datenmaterial eine Regionaltypologie erstellt. Auch psychographische Daten aus Untersuchungen von Marktforschungsinstituten können hierfür mit berücksichtigt werden, denn je breiter das Spektrum an vorhandenen Informationen ist, desto besser lässt sich die Bevölkerung in den gebildeten Parzellen charakterisieren (vgl. *Vossebein* 2000, S. 127 und 130f. sowie *Spintig* 2001, S. 1128f.). Die Regionaltypologie kann mit unternehmensinternen Kundendaten kombiniert werden, so dass sich durch Zuordnung der Kunden zu Wohngebietstypen Rückschlüsse über die Kundenverteilung innerhalb der Typologie ziehen lassen (vgl. *Meffert* 2000, S. 191). Insgesamt bildet das mikrogeographische Konzept somit eine gute Ausgangsbasis zur „(...) optimalen Selektion von Zielgruppen durch die direkte und gezielte Bedienung derjenigen Gebiete oder Adressen, in denen Kunden mit einem spezifischen Konsumverhalten zu erwarten sind" (*Spintig* 2001, S. 1129).

[63] Vgl. *Holland* (1993), S. 83.

[64] Vgl. *Holland* (2000), S. 133.

[65] Vgl. *Holland* (2000), S. 140ff. Bekannte Anbieter von Marketing-Dienstleistungen wie die Schober Information Group (www.schober.de), Acxiom Deutschland (www.acxiom.de) oder die AZ Direct GmbH (www.az-direct.com/site) führen umfangreiche Servicepakete zur Durchführung mikrogeographischer Segmentierungen in ihrem Programm.

Mikrosegmentierung. Durch kontinuierliche Aktualisierung des Datenbestandes kann eine hinreichende Kaufwahrscheinlichkeit für bestimmte Produkte vorhergesagt werden. Somit stellt die mikrogeographische Segmentierung einen wesentlich deutlicheren Bezug zum Kaufverhalten her als der herkömmliche makrogeographische Ansatz und bietet dementsprechend auch sehr gute Anhaltspunkte für einen gezielten Einsatz der Marketinginstrumente.[66] Ihre Aussagekraft steigt dabei mit dem Grad der Feingliederung, mit der sich häufig auch der Homogenitätsgrad der einzelnen Segmente erhöht.[67] Der Hauptnachteil der mikrogeographischen Segmentierung ist jedoch der hohe erforderliche Aufwand in Bezug auf die Datenbeschaffung und -pflege.[68]

Das **Lifestyle-Konzept** beruht auf der Erkenntnis, dass die isolierte Verwendung psychographischer Segmentierungskriterien nur beschränkte Aussagen über kaufrelevante Marktsegmente zulässt. Es knüpft am Lebensstil der Konsumenten an[69], der eine umfassende Beschreibung darüber liefert, wie Menschen ihr Leben führen, ihr Geld ausgeben und ihre Zeit verbringen.[70] Lifestyle-Untersuchungen basieren auf einem käufertypologischen Ansatz, also der Beschreibung von Menschen anhand mehrerer Merkmale, so dass sich ähnelnde Konsumenten zu bestimmten Typen zusammengefasst werden können.[71] Derartige Typologien sind in erster Linie als Weiterentwicklung der psychographischen

---

66   Vgl. *Meffert* (2000), S. 189, 192.

67   Vgl. *Martin* (1993), S. 164ff.

68   Vgl. *Vossebein* (2000), S. 25.

69   Vgl. *Becker* (2001), S. 257.

70   Vgl. *Freter* (2001), S. 900. Zur Messung des Lebensstils existieren zwei unterschiedliche Vorgehensweisen. Einerseits kann er anhand der Produkte erfasst werden, die Personen erwerben. Dieses Konzept geht also davon aus, dass das Konsumverhalten die Persönlichkeit und den Lebensstil von Verbrauchern widerspiegelt. Wesentlich bedeutsamer für Segmentierungszwecke ist allerdings der zweite Ansatz. Demnach verkörpert der Lebensstil ein Beziehungssystem aus Aktivitäten, Interessen und Meinungen von Individuen (vgl. *Frank et al.* 1972, S. 58ff. und *Wind/Green* 1974, S. 99ff.).

71   Vgl. *Becker* (2001), S. 257.

Segmentierung zu verstehen.[72] Die gängigen Käufertypologien „(...)" unterscheiden sich im Wesentlichen durch die Kombination verschiedener Lebensstil-Merkmale sowie durch die Zielsetzung und das Aggregationsniveau der Typologie"[73]. Obwohl Lifestyle-Typologien in der Praxis großen Anklang finden, existieren nur wenige etablierte Grundmodelle, die von Verlagen und Marktforschungsinstituten konzipiert wurden.[74]

Die sogenannte **Nutzensegmentierung** (Benefit Segmentation) basiert auf dem Grundgedanken, dass das Kaufverhalten von den Nutzenerwartungen gelenkt wird, die Nachfrager im Hinblick auf ein bestimmtes Angebot hegen.[75] Der von (potenziellen) Kunden wahrgenommene Nutzen eines Produktes bzw. einer Dienstleistung wird dabei als Ausgangsbasis zur Bildung von Segmenten herangezogen.[76]

---

72 Vgl. *Berekoven et al.* (2004), S. 245f. Sie können jedoch – und dies ist in der Tat bei vielen neueren Typologie-Modellen auch der Fall – zusätzlich demographische und verhaltensorientierte Variablen mit einbeziehen (vgl. *Becker* 2001, S. 258), wodurch sich ihre Aussagekraft deutlich erhöhen lässt.

73 *Meffert* (2000), S. 200. Der Bezugsrahmen des Lebensstilkonzepts kann dabei entweder allgemein gehalten oder gezielt auf bestimmte Produktkategorien ausgerichtet sein. Dementsprechend unterscheidet man zwischen produktunabhängigen und produktbezogenen Typologien (vgl. *Becker* 2001, S. 262ff.). Erstere bieten aufgrund der Verwendung produktunabhängiger Kriterien eine vergleichsweise hohe zeitliche Stabilität, verfügen dafür aber nur über eine eingeschränkte Kaufverhaltensrelevanz. Produktbezogene Typologien liefern hingegen detaillierte branchenspezifische Informationen, während ihre Erhebungsergebnisse eine geringere zeitliche Stabilität aufweisen, zumal auch Kaufmotive bei der Konzeption dieser Typologien eine bedeutsame Rolle spielen (vgl. *Bauer et al.* 2003, S. 37ff.).

74 Vgl. *Bauer et al.* (2003), S. 36ff. Als Beispiele für gängige Typologisierungsansätze lassen sich u. a. das Sinus Milieu-Modell von Sinus Sociovision, die Pkw-Käufer-Typologie von Bauer-Media, die Euro-Socio-Styles der Gesellschaft für Konsumforschung, die Typologie der Wünsche des Burda Advertising Center sowie die Outfit-5-Typologie des Spiegel-Verlags anführen.

75 Vgl. *Becker* (2001), S. 275f.

76 Vgl. *Perrey/Hölscher* (2003), S. 8. Der Nutzen kann sich sowohl direkt auf Eigenschaften und Funktionen des Angebots beziehen, als auch an das Gesamtimage und Prestige bestimmter Produkte gekoppelt sein (vgl. *Bagozzi et al.* 2000, S. 310). Die Nutzenmessung kann grundsätzlich auf zwei verschiedene Arten erfolgen. Der kompositionelle Ansatz erfasst den Gesamtnutzenwert auf Basis merkmalsspezifischer Einzelbeurteilungen, die anschließend

Indem sie unmittelbar an der Präferenzbildung der Konsumenten ansetzt, weist die Nutzensegmentierung einen vergleichsweise hohen Bezug zur Erklärung und Prognose des Kaufverhaltens auf[77] und bietet dementsprechend auch wertvolle Anhaltspunkte für einen zielgruppenspezifischen Einsatz des Marketinginstrumentariums.[78] Ein auf Nutzenerwartungen beruhendes Segmentierungskonzept ermöglicht somit eine bessere Abstimmung des Angebots auf die Vorstellungen potenzieller Käufer. Darüber hinaus können Unternehmen auch ihre Kommunikationspolitik gezielt auf den speziellen Nutzen ausrichten. Außerdem lässt sich erkennen, inwieweit das eigene Produkt und die Angebote der Konkurrenz tatsächlich den Wünschen und Erwartungen der Kunden entsprechen.[79]

Ein weiteres Segmentierungskonzept ist der **Single-Source-Ansatz** auf Basis des Verbraucherpanels.[80] Für Segmentierungszwecke lassen sich im Rahmen des Verbraucherpanels verhaltensbezogene Variablen mit anderen Kriterienkategorien kombinieren, die gemäß dem Single-Source-Prinzip alle aus derselben Erhebungsquelle – also von den Panelteilnehmern – stammen. Gängige Verhaltensmerkmale sind in diesem Zusammenhang die Einkaufs- bzw. Verwendungsintensität, das Marken-

---

addiert werden. Im Gegensatz dazu bilden bei der dekompositionellen Erfassungsweise Gesamtnutzenurteile den Ausgangspunkt. Aus diesen werden dann die Nutzenbeiträge der einzelnen Komponenten ermittelt (vgl. *Gutsche* 1995, S. 75). Kompositionelle Verfahren sind zwar vergleichsweise leicht anwendbar, weisen dafür allerdings erhebliche Nachteile auf. Zum einen tendieren die Befragten dazu, übermäßig viele Eigenschaften als besonders wichtig zu beurteilen. Zum anderen wird der Prozess der Kaufentscheidung infolge isolierter Merkmalsbetrachtungen nicht realitätsnah abgebildet. Abgesehen davon berücksichtigt die kompositionelle Erfassungsweise keine Wahlentscheidungen zwischen konkurrierenden Angeboten (vgl. *Balderjahn* 1993, S. 76f. und *Gutsche* 1995, S. 76). Da mit dem dekompositionellen Ansatz die angeführten Nachteile weitgehend vermieden werden können, etabliert er sich nach und nach als Standardansatz zur Nutzenmessung (vgl. *Meffert* 2000, S. 205).

77 Vgl. *Gutsche* (1995), S. 41.

78 Vgl. *Meffert* (2000), S. 207.

79 Vgl. *Kotler et al.* (2003), S. 463.

80 Die Bezeichnung „Single Source" bedeutet, dass alle Informationen einer einzigen Quelle entnommen sind, da die gesamten Daten von Panelteilnehmern stammen (vgl. *Berekoven et al.* 2004, S. 250).

wahlverhalten, das Preisverhalten, die Einkaufsstättenpräferenz und teilweise auch die Mediennutzung. Diese regelmäßig erhobenen Informationen lassen sich mit den Strukturdaten der Panelteilnehmer koppeln.[81] Aufgrund des Single-Source-Prinzips lässt sich vor allem sehr gut nachvollziehen, ob sich geäußerte Einstellungen und Meinungen der Panelteilnehmer tatsächlich in einem entsprechenden Kaufverhalten niederschlagen.[82]

Panelerhebungen unterliegen jedoch auch gewissen Einschränkungen. Zum einen ist hier die sogenannte Panelsterblichkeit zu nennen, zum anderen wirkt sich auch das Phänomen des Paneleffekts negativ auf die Aussagekraft des Single-Source-Ansatzes aus. Darüber hinaus ist noch die Panelerstarrung anzuführen.[83] Aus diesen Gründen bedürfen Panels regelmäßiger und umfassender Kontrollen sowie kontinuierlicher Auffrischungen.[84]

Die Ausführungen zu den Segmentierungsansätzen zeigen, dass Unternehmen zur Bildung von Marktsegmenten auf eine ganze Reihe unterschiedlicher Konzepte zurückgreifen können. Besonders vielversprechend erscheinen dabei diejenigen Ansätze, die Segmentierungskriterien aus mehreren verschiedenen Kategorien miteinander kombinieren. Die dadurch erzielbare höhere Aussagekraft bringt jedoch auch mehr Aufwand mit sich. Regelmäßige Datenpflege und -aktualisierung ist daher für eine erfolgreiche Nutzung spezieller Segmentierungskonzepte unverzichtbar, zumal insbesondere beim Einsatz verhaltenspsychologisch orientierter Ansätze wie Nutzen- oder Lebensstil-Segmentierungen schon nach relativ kurzer Zeit mit einem Einstellungs- und Ver-

---

81 Darüber hinaus können über Paneleinfragen zusätzlich Auskünfte über Einstellungen oder das Verbrauchs- und Verwendungsverhalten der Teilnehmer ermittelt werden. Durch die Verknüpfung all dieser Daten bietet das Panel somit eine wertvolle Ausgangsbasis für Erfolg versprechende Segmentierungsaktivitäten.

82 Vgl. *Berekoven et al.* (2004), S. 250.

83 Diese tritt im Laufe der Zeit aufgrund von Veränderungen soziodemographischer Merkmale wie Alter, Familienstand und Einkommen auf und führt letztendlich dazu, dass die Panelstrichprobe nicht mehr der Grundgesamtheit entspricht und dadurch ihre statistische Repräsentativität einbüßt (vgl. *Rogge* 1981, S. 122ff. und *Hansen* 1982, S. 107ff.).

84 Vgl. *Berekoven/Spintig* (2001), S. 1243.

haltenswandel der Nachfrager zu rechnen ist.[85] Weiterhin ist deutlich geworden, dass fortgeschrittene Segmentierungskonzepte häufig die Inanspruchnahme externer Dienstleistungen erfordern. Nichtsdestotrotz ist es aber zur Generierung eigenen Know-hows unabdingbar, dass auch in den Unternehmen selbst adäquate Rahmenbedingungen für Marktsegmentierungsaktivitäten geschaffen werden. In diesem Zusammenhang spielt insbesondere die Bereitstellung von geeigneten Kundendatenbanken eine wichtige Rolle. Auf diese Weise verfügen Unternehmen nicht nur über eine gute Ausgangsbasis für ihren zukünftigen Markterfolg, sondern können sich so auch selbst einen besseren Überblick über Nutzen und Potenzial ihrer Segmentierungen verschaffen. Gleichzeitig reduzieren sie dadurch außerdem ihre Abhängigkeit von externen Dienstleistungsanbietern.

Stand der Forschung

Im vorangegangenen Abschnitt zu den Segmentierungskriterien und -ansätzen[86] wurde gezeigt, dass Unternehmen zur Bildung von Marktsegmenten viele verschiedene Möglichkeiten offen stehen. Ob diese Konzepte in der Unternehmenspraxis jedoch tatsächlich Verwendung finden, ist damit allerdings noch nicht geklärt. Bis dato liegen nur wenige Forschungsergebnisse vor, die sich mit dem Segmentierungsverhalten von Unternehmen befasst haben. Exemplarisch werden im Folgenden die Arbeiten von *Cross et al.* (1990), *Danneels* (1996) und *Sausen/Tomczak* (2003) kurz vorgestellt.[87]

Cross et al. (1990) konzentrieren sich in ihrer Studie auf die praktische Umsetzung von Segmentierungsansätzen und berücksichtigen in diesem Zusammenhang auch, dass die Unternehmensumwelt einen maßgeblichen Einfluss auf die verwendeten Segmentierungsansätze ausübt.

---

85 Vgl. *Becker* (2001), S. 291.

86 Auf die verschiedenen multivariaten Methoden zur Segmentierung von Märkten wird an dieser Stelle nicht eingegangen. Der interessierte Leser sei hierzu auf die einschlägige Literatur (z. B. *Backhaus et al.* 2003) verwiesen.

87 Weitere vergleichbare Studien finden sich bei *Meadows/Dibb* (1998, S. 266ff.), *Dibb/Simkin* (2001, S. 609ff.) und *Sausen* (2003).

Im Rahmen ihrer Untersuchung führen die Autoren 32 explorative Telefoninterviews mit Marketing- und Produktmanagern aus den Branchen Konsumgüter, Investitionsgüter sowie Dienstleistungsanbietern aus dem B2B- und B2C-Bereich durch.

Die Autoren kommen zu dem Ergebnis, dass die untersuchten Unternehmen unterschiedliche Schwerpunkte bei ihren Segmentierungsaktivitäten setzen, je nachdem, ob sie Güter oder Dienstleistungen anbieten bzw. dem B2B- oder dem B2C-Bereich zuzuordnen sind. So bilden im B2B-Bereich Firmencharakteristika (85%) und im B2C-Bereich demographische Merkmale (82%) die wichtigsten Segmentierungsvariablen. In Bezug auf die Kriterien zur Segmentbildung kommt der praktischen Durchführbarkeit einer Marketingaktion insgesamt die größte Bedeutung zu (77%). Als wichtigstes Kriterium zur Auswahl von Zielsegmenten dient insgesamt die Marktgröße eines Segments (86%), wobei dieser Aspekt insbesondere bei Anbietern von B2B-Dienstleistungen mit einem Anteil von 93% eine überragende Bedeutung einnimmt. Was die jeweilige Gestaltung des Marketing-Mixes zur Bearbeitung der verschiedenen Segmente betrifft, zeigt sich, dass spezifische Werbebotschaften und -medien sowie segmentspezifische Produkt- bzw. Dienstleistungsgestaltung in der Gesamtbetrachtung als wichtigste Komponenten der Kundenansprache gelten, wobei die Einzelwerte je nach Unternehmenskategorie stark voneinander abweichen. So ist ein segmentspezifisches Produkt- und Dienstleistungsangebot im B2C-Bereich wesentlich bedeutsamer als im B2B-Bereich. Die Autoren bemängeln in ihrem Fazit u. a., dass die theoretischen Segmentierungsansätze den Einfluss der Unternehmensorganisation auf das Segmentierungsverhalten nicht erfassen und die Kosten für die Verwendung der verschiedenen Ansätze von den Praktikern nur schwer abzuschätzen sind.

Danneels (1996) analysiert das Segmentierungsverhalten im belgischen Bekleidungseinzelhandel. Zu diesem Zweck wurde eine Stichprobe von insgesamt 22 Einzelhändlern ausgewählt. Die Durchführung der Untersuchung erfolgte mittels teilstandardisierten Tiefeninterviews, in denen die Teilnehmer ihre Sichtweisen und Praktiken in Bezug auf Marktsegmentierungen darlegten. Die Ergebnisse zeigen, dass im belgischen Bekleidungseinzelhandel die Schritte Segmentierung, Zielmarktbestimmung und Positionierung tendenziell nicht in einer chronologischen Abfolge stattfinden, sondern vielmehr im Rahmen eines iterativen Feedback-Prozesses miteinander verknüpft sind. Diese Erkenntnis trifft sowohl auf kleinere als auch auf größere Geschäfte zu. So läuft beispielsweise die Gestaltung des Geschäftskonzepts bei den untersuchten Unternehmen sehr unkonventionell ab – im Gegensatz zum normativen Segmentierungsmodell führte kein Unternehmen aus der Stichprobe vor der Entwicklung seines Geschäftskonzepts eine formale Segmentierungsstudie durch. Auch die Definition der Zielmärkte erfolgt nicht nach einem bestimmten Schema. Grundsätzlich erkennen die Befragten zwar, dass sie nicht alle Kundengruppen bedienen können, eine genaue Festlegung auf bestimmte Zielgruppen findet jedoch in der Regel nicht statt. Die Befragten führen als Begründung an, dass sie ihren Absatz maximieren wollten. Markt- und Segmentierungsforschung wird im belgischen Bekleidungseinzelhandel vor allem post hoc durchgeführt: Solange entworfene Geschäftskonzepte die erwünschten Umsätze bringen, werden derartige Aktivitäten nicht in Betracht gezogen. *Danneels* kritisiert abschließend die mangelnde Flexibilität des klassischen wissenschaftlichen Segmentierungsmodells, das eine strikte Schrittfolge unterstellt, ohne dabei in Betracht zu ziehen, dass praktisches Segmentierungsverhalten offenbar eher den Charakter eines kontinuierlichen Lern- und Verbesserungsprozesses aufweist, der im direkten Gegensatz zu einem chronologischen Vorgehen steht.

Die Studie von *Sausen/Tomczak* (2003) trägt wie die Studie von *Cross et al.* (1990) der Tatsache Rechnung, dass die Segmentierungsaktivitäten stark vom Umfeld des jeweiligen Unternehmens geprägt sind. Die Autoren untersuchen – getrennt nach den Branchen Dienstleistungen, Konsumgüter und Handel/Distribution – das Segmentierungsverhalten von Schweizer Unternehmen. Die Untersuchungsziele fokussieren auf die Vorgehensweise bei der Segmentbildung sowie die Kriterien zur Segmentierungsbewertung. Die Autoren wählen die Erhebungsmethode der schriftlichen Befragung und erhalten Antworten von 62 Führungskräften aus den Bereichen Marketing und Vertrieb. Im Ergebnis zeigt sich, dass je nach Branche unterschiedliche Schwerpunkte bei der Marktsegmentierung gesetzt werden. So ist zu konstatieren, dass Konsumgüterhersteller tendenziell intensiver segmentieren als Dienstleistungs- und Handelsunternehmen. Des Weiteren wird deutlich, dass alle Unternehmen die Segmentierungsmöglichkeiten nur in begrenztem Maße ausschöpfen. Nur 69% der untersuchten Schweizer Dienstleistungsunternehmen setzen geographische Kriterien zur Marktsegmentierung ein, 56% von ihnen verwenden verhaltensorientierte Kriterien; der Methode der sozialen Schichtung bedienen sich 42%. Psychographische Merkmale werden im Konsumgüterbereich wesentlich intensiver genutzt als in den beiden anderen untersuchten Branchen. *Sausen/ Tomczak* nehmen hier jeweils eine differenziertere Abstufung vor, indem sie zwischen allgemeinen und produktbezogenen Kriterien unterscheiden. 79% der Schweizer Konsumgüterhersteller setzen produktbezogene und 29% allgemeine psychographische Merkmale ein.

Insgesamt ist festzuhalten, dass sich nur sehr wenige Studien mit Fragestellungen praktischer Marktsegmentierungen auseinandersetzen. Grundsätzlich besteht also weiterhin erheblicher Forschungsbedarf auf dem Gebiet der Segmentierungspraxis. Speziell für den deutschen Markt liegen nach Kenntnis der Autoren bislang noch keine derartigen Untersuchungen vor. Dies ist umso kritischer als die vorgestellten Studien darauf hindeuten, dass sich die Vorgehensweise bei der Segmentierung je nach Geographie und betrachteter Branche doch deutlich unterscheiden kann. Der vorliegende Beitrag liefert mit seiner Untersuchung des Segmentierungsverhaltens deutscher B2C-Unternehmen einen ersten Ansatz, diese Forschungslücke zu schließen.

Fazit

Unternehmen sehen sich heutzutage enormen Herausforderungen bei der Sicherstellung ihres Markterfolges gegenüber. Markt- und Kundenorientierung spielen hierbei eine immer wichtigere Rolle. Marktsegmentierung ist eine unabdingbare Voraussetzung für Unternehmen, um ihr Kundenverständnis zu optimieren. Unternehmen steht zur Bildung von Marktsegmenten eine ganze Reihe unterschiedlicher Konzepte zur Verfügung. Besonders vielversprechend erscheinen dabei diejenigen Ansätze, die Segmentierungskriterien aus mehreren verschiedenen Kategorien miteinander kombinieren.

Wissenschaftlerinnen und Wissenschaftler an Hochschulen und Forschungseinrichtungen sind gefordert, den notwendigen Transfer in die Unternehmenspraxis zu leisten. Mögliche Gründe für den zurückhaltenden praktischen Einsatz bestimmter Kriterienkategorien, Segmentierungsansätze und multivariater Analysemethoden sind im Rahmen zukünftiger Forschungsarbeiten zum Thema zu klären.

Literatur

Backhaus, K. (1999): Industriegütermarketing, 6. Aufl., München.

Backhaus, K./Erichson, B./Plinke, W./Weiber, R. (2003): Multivariate Analysemethoden. Eine anwendungsorientierte Einführung, 10. Aufl., Berlin u. a.

Bagozzi, R. P./Rosa, J. A./Celly, K./Coronel, F. F. (2000): Marketing-Management, München u. a.

Balderjahn, I. (1993): Marktreaktionen von Konsumenten: Ein theoretisch-methodisches Konzept zur Analyse der Wirkung marketingpolitischer Instrumente, Berlin.

Bänsch, A. (1998): Einführung in die Marketing-Lehre, 4. Aufl., München.

Bauer, H. H. (1989): Marktabgrenzung. Konzeption und Problematik von Ansätzen und Methoden zur Abgrenzung und Strukturierung von Märkten unter besonderer Berücksichtigung von marketingtheoretischen Verfahren, Berlin.

Bauer, H. H./Sauer, N. E./Müller, V. (2003): Lifestyle-Typologien auf dem Prüfstand. In: absatzwirtschaft 9/2003, S. 36-39.

Becker, J. (2001): Marketing-Konzeption. Grundlagen des ziel-strategischen und operativen Marketing-Managements, 7. Aufl., München.

Berekoven, L./Eckert, W./Ellenrieder, P. (2004): Marktforschung. Methodische Grundlagen und praktische Anwendung, 10. Aufl., Wiesbaden.

Berekoven, L./Spintig, S. (2001): Panel. In: *Diller, H.* (Hrsg.): Vahlens Großes Marketinglexikon, 2. Aufl., München 2001, S. 1240-1243.

Böcker, J./Ziemen, W./Butt, K. (2004): Marktsegmentierung in der Praxis. Der Kunde im Fokus, Göttingen.

Böhler, H. (1977): Methoden und Modelle der Marktsegmentierung, Stuttgart.

Boyd, H. W./Massy, W. F. (1972): Marketing Management, New York u. a.

Bruns, J. (2000): Marktsegmentidentifizierung. In: *Pepels, W.* (Hrsg.): Marktsegmentierung – Marktnischen finden und besetzen, Heidelberg 2000, S. 47-64.

Cross, J. C./Belich, T. J./Rudelius, W. (1990): How Marketing Managers Use Market Segmentation – An Exploratory Study. In: Developments in Marketing Science 13/1990, S. 532-536.

Danneels, E. (1996): Market Segmentation – Normative Model versus Business Reality. An Exploratory Study of Apparel Retailing in Belgium. In: European Journal of Marketing, Vol. 30, No. 6, S. 36-51.

Dibb, S./Simkin, L. (2001): Market Segmentation. Diagnosing and Treating the Barriers. In: Industrial Marketing Management, Vol. 30, S. 609-625.

Drieseberg, T. J. (1992): Lebensstile in der Marktforschung – eine empirische Bestandsaufnahme. In: Planung und Analyse, 19. Jg., Nr. 5, S. 18-26.

Frank, R. E./Massy, W. F./Wind, Y. (1972): Market Segmentation, Englewood Cliffs/New Jersey.

Freter, H. (1983): Marktsegmentierung, Stuttgart u. a.

Gierl, H. (1989): Konsumententypologie oder A-priori-Segmentierung als Instrumente der Zielgruppenauswahl. In: Zeitschrift für betriebswirtschaftliche Forschung, 11. Jg., Nr. 9, S. 766-789.

Gutsche, J. (1995): Produktpräferenzanalyse. Ein modelltheoretisches und methodisches Konzept zur Marktsimulation mittels Präferenzerfassungsmodellen, Berlin.

Hansen, J. (1982): Das Panel – Zur Analyse von Verhaltens- und Einstellungswandel, Opladen.

Heinemann, G. (1989): Betriebstypenprofilierung und Erlebnishandel. Eine empirische Analyse am Beispiel des textilen Facheinzelhandels, Wiesbaden.

Holland, H. (1993): Direktmarketing, München.

Holland, H. (2000): Mikrogeographische Segmentierung. In: *Pepels, W.* (Hrsg.): Marktsegmentierung. Marktnischen finden und besetzen, Heidelberg 2000, S. 127-143.

Horst, B. (1988): Ein mehrdimensionaler Ansatz zur Segmentierung von Investitionsgütermärkten, Köln.

Howard, N./Sheth, J. N. (1969): The Theory of Buyer Behavior, New York.

Hummel, F. E. (1954): Market Potentials in the Machine Tool Industry. In: Journal of Marketing, Vol. 18, No. 3, S. 34-41.

Kotler, P./Armstrong, G./Saunders, J./Wong, V. (2003): Grundlagen des Marketing, 3. Aufl., München.

Kotler, P./Bliemel, F. (2001): Marketing-Management. Analyse, Planung und Verwirklichung, 10. Aufl., Stuttgart.

Kroeber-Riel, W./Weinberg, P. (2003): Konsumentenverhalten, 8. Aufl., München.

Kuhlmann, E. (2001): Soziale Schicht. In: *Diller, H.* (Hrsg.): Vahlens Großes Marketinglexikon, 2. Aufl., München 2001, S. 1514-1515.

Martin, M. (1993): Mikrogeographische Marktsegmentierung – Ein Ansatz zur Segmentidentifikation und zur integrierten Zielgruppenbearbeitung. In: Marketing – Zeitschrift für Forschung und Praxis, 15. Jg., Nr. 3, S. 164-180.

Meadows, M./Dibb, S. (1998): Assessing the Implementation of Market Segmentation in Retail Financial Services. In: International Journal of Service Industry Management Vol. 9, No. 3, S. 266-285.

Meyer, A. (1989): Mikrogeographische Marktsegmentierung. In: Jahrbuch für Absatz- und Verbrauchsforschung 4/1989, S. 342-365.

Meffert, H. (2000): Marketing. Grundlagen marktorientierter Unternehmensführung, 9. Aufl., Wiesbaden.

Müller-Hagedorn, L. (2001): Familienlebenszyklus. In: *Diller, H.* (Hrsg.): Vahlens Großes Marketinglexikon, 2. Aufl., München 2001, S. 466-468.

Pepels, W. (1995): Käuferverhalten und Marktforschung – Eine praxisorientierte Einführung, Stuttgart.

Pepels, W. (2000): Segmentierungsdeterminanten im Käuferverhalten. In: *Pepels, W.* (Hrsg.): Marktsegmentierung – Marktnischen finden und besetzen, Heidelberg 2000, S. 65-83.

Perrey, J./Hölscher, A. (2003): Nutzenorientierte Kundensegmentierung – Eine Zwischenbilanz nach 35 Jahren. In: Thexis Nr. 4/2003, S. 8-11.

Rogge, H.-J. (1981): Marktforschung, München/Wien.

Scharf, A./Döring, M./Jellinek, J. S. (1996): Bildung von Konsumententypen zur Erklärung des Markenverhaltens bei Parfüm/Duftwasser. In: Planung und Analyse, Heft 3, S. 60-67.

Sausen, K. (2003): Taxonomy of Organizations by Market Segmentation Strategies: An Exploratory Study. In: Academy of Marketing Science Annual Conference Proceedings, Vol. 26, Washington D.C.

Sausen, K./Tomczak, T. (2003): Status quo der Segmentierung in Schweizer Unternehmen. In: Thexis Nr. 4/2003, S. 2-7.

Smith, W. R. (1956): Product Differentiation and Market Segmentation as Alternative Marketing Strategies. In: Journal of Marketing, Vol. 20, No. 1, S. 3-8.

Spintig, S. (2001): Mikrogeographische Segmentierung. In: *Diller, H.* (Hrsg.): Vahlens Großes Marketinglexikon, 2. Aufl., München 2001, S. 1128-1129.

Vossebein, U. (2000): Grundlegende Bedeutung der Marktsegmentierung für das Marketing. In: *Pepels, W.* (Hrsg.): Marktsegmentierung – Marktnischen finden und besetzen, Heidelberg 2000, S. 19-46.

Walters, C. G./Paul, G. W. (1970): Consumer Behavior – An Integrated Framework, Homewood/ Illinois.

Wells, W. D./Gubar, G. (1966): Life Cycle Concept in Marketing Research. In: Journal of Marketing Research, Vol. 3, S. 355-363.

Wind, Y./Green, P. E. (1974): Some Conceptual, Measurement and Analytical Problems in Life Style Research. In: *Wells, W. D.* (Hrsg.): Life Style and Psychographics, Chicago/Illinois, S. 99-126.

CRM: Ein entscheidendes Tool zur Kundenbindung

Amparo Galiñanes García/Carsten Rennhak/Gerd Nufer

Customer Relationship Management (CRM) ist ein Instrument, das dazu dient, die Bindung der Kunden an das Unternehmen zu verstärken.[1] Nach einer begrifflichen Definition werden seine Ziele und Aufgabenbereiche erläutert. Abschließend wird auf die Wettbewerbsvorteile eines CRM-Systems und seine Erfolgsfaktoren näher eingegangen.

Definition und Begriffsabgrenzung

Die Literatur definiert den Begriff CRM unterschiedlich. Sie beschränkt sich häufig auf die technologische Komponente.[2] CRM ist hierbei mit CRM-Systemen gleichgesetzt, wobei die Sammlung und Auswertung von Kundendaten und die Automatisierung von Prozessen im Vordergrund stehen. Diese starke IT-Orientierung birgt die Gefahr in sich, die notwendigen Rahmenbedingungen für eine erfolgreiche CRM-Umsetzung unbeachtet zu lassen.[3] Für diesen Beitrag erscheint daher die Definition von *Hippner* geeigneter: „CRM ist eine kundenorientierte Unternehmensstrategie, die mithilfe moderner Informations- und Kommunikationstechnologien versucht, auf lange Sicht profitable Kundenbeziehungen durch ganzheitliche und individuelle Marketing-, Vertriebs- und Servicekonzepte aufzubauen und zu festigen."[4] *Rapp* sieht CRM ebenfalls als eine kundenorientierte Unternehmensstrategie: „CRM ist eine übergreifende Strategie zur Verbesserung der Kundenkontaktqualität im Verkauf, Support und Marketing mit dem Ziel einer optimierten Kundenzufriedenheit, optimierten Kundenloyalität und gesteigerten Profitabilität."[5]

---

1   Vgl. *Hippner* (2004), S. 20f.

2   Vgl. *Schwede* (2000) und *Schwetz* (2000).

3   Vgl. *Hippner* (2004), S. 15.

4   *Hippner/Wilde* (2003), S. 6.

5   *Rapp* (2000), S. 56.

Nach diesen Definitionen umfasst CRM zwei zentrale Gestaltungsbereiche.[6] Zum einen erfordert CRM den Einsatz von integrierten Informationssystemen (reine Softwarelösung).[7] Zum anderen steht CRM auch für eine kundenorientierte Unternehmensstrategie.[8] Damit ist CRM mehr als ein IT-System. Die Informationstechnologie „stellt dabei aber nur einen ‚Enabler' dar, der die notwendigen Voraussetzungen für eine effektivere und effizientere Gestaltung der Kundenbeziehungen schafft, ohne diese automatisch sicherzustellen"[9]. Nach *Rapp* ist die Aufgabe der Informationstechnologie dabei, „Daten zu liefern, die es ermöglichen, die Unternehmen bei ihrer Wertschöpfung zu unterstützen"[10].

In der Praxis fehlt es häufig an einer Abgrenzung des Begriffs CRM von anderen Begriffen wie Beziehungsmanagement (Relationship Management), Beziehungsmarketing (Relationship Marketing) und Kundenbindungsmanagement (CRM). Daher ist es wesentlich, die Abgrenzung dieser Begriffe zu erläutern (siehe auch Abbildung 1). Zunächst beschränkt sich das Beziehungsmanagement nicht auf Kundenbeziehungen, sondern wird als umfassendes Konzept verstanden, das horizontale (z. B. Vertriebsgemeinschaften), vertikale (z. B. Zuliefererbeziehungen), laterale (z. B. Beziehungen zu Behörden) oder unternehmensinterne Beziehungen (z. B. zum Personal) einbezieht.[11] Beim Beziehungsmarketing steht die Kundenseite im Vordergrund, aber schließt auch die Beziehungen zu den Lieferanten mit ein.[12] Das Kundenbindungsmanagement betrachtet ausschließlich die aktuellen, bereits bestehenden

---

6   Vgl. *Hippner/Wilde* (2003), S. 6.

7   Die integrierten Informationssysteme umfassen die Zusammenführung aller kundenbezogenen Informationen und die Synchronisation aller Kommunikationskanäle. Sie erlauben eine ganzheitliche Abbildung des Kunden und eine differenzierte Kundenansprache (vgl. *Hippner/Wilde* 2003, S. 6).

8   Eine kundenorientierte Unternehmensstrategie umfasst eine Neuausrichtung sämtlicher Geschäftsprozesse und Verantwortlichkeiten auf den Kunden (vgl. *Hippner/Wilde* 2003, S. 6).

9   *Hippner* (2004), S. 31.

10   *Rapp* (2000), S. 56.

11   Vgl. *Diller* (1995).

12   Vgl. *Berry* (1983) und *Köhler* (2001).

Kundenbeziehungen.[13] Es schließt die Gewinnung von Neukunden sowie die Rückgewinnung abgewanderter Kunden nicht mit ein. Zuletzt beschränkt sich das Kundenbeziehungsmanagement nur auf die Gestaltung der Beziehung zum Kunden.[14]

Der CRM-Ansatz dient zur Unterstützung der Kundenbindung. Ausschlaggebend sind seine kundenprozessorientierte Perspektive und sein langfristiger Unternehmenswert generierender Ansatz.[15]

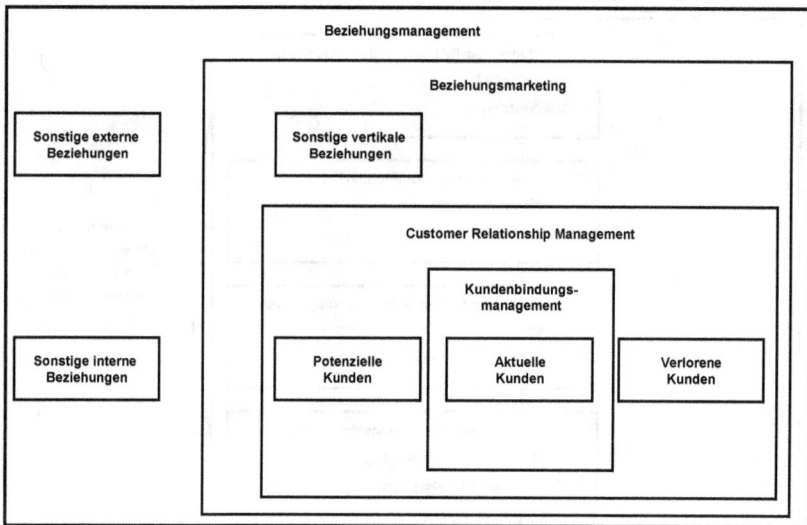

Abbildung 1: Abgrenzung des CRM von verwandten Begriffen[16]

Ziele und Aufgabenbereiche des CRM-Ansatzes

CRM verfolgt das Ziel, den Unternehmenswert durch höhere Kundenzufriedenheit und -bindung zu steigern.[17] Um dies zu erreichen, sind untergeordnete Ziele zu verwirklichen (siehe Abbildung 2). Zunächst ist

---

13   Vgl. *Homburg/Bruhn* (2003), S. 5f.

14   Vgl. *Hippner* (2004), S. 36f.

15   Vgl. *Rapp* (2001), S. 43.

16   In Anlehnung an *Hippner* (2004), S. 18.

17   Vgl. *Dangelmaier et al.* (2004), S. 5f.

die Qualität der Kundenbearbeitung durch eine Differenzierung und durch ein Angebot an Mehrwertdiensten zu erhöhen. Zudem sind die internen und externen Bearbeitungsprozesse so zu optimieren, dass die Schnittstelle zum Kunden optimal gestaltet ist.[18] Ferner sind neue Technologien einzusetzen, um das Kundendatenmanagement und die Schnittstellen zum Kunden zu verbessern. Eine Ausrichtung in den Marketing-, Vertriebs- und Kundenserviceabteilungen ist durchzusetzen.

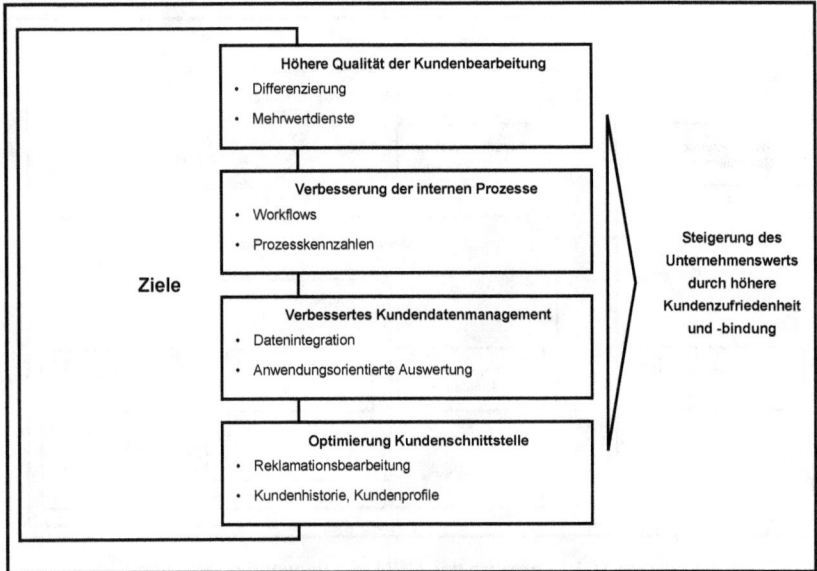

Ziele

Höhere Qualität der Kundenbearbeitung
- Differenzierung
- Mehrwertdienste

Verbesserung der internen Prozesse
- Workflows
- Prozesskennzahlen

Verbessertes Kundendatenmanagement
- Datenintegration
- Anwendungsorientierte Auswertung

Optimierung Kundenschnittstelle
- Reklamationsbearbeitung
- Kundenhistorie, Kundenprofile

Steigerung des Unternehmenswerts durch höhere Kundenzufriedenheit und -bindung

Abbildung 2: Ziele des CRM-Ansatzes [19]

Nach *Hippner/Wilde* verfolgt das CRM-Konzept mit der Fokussierung auf profitable Kunden[20], dem Aufbau und der Pflege sowie der Differenzie-

---

18 Vgl. *Dangelmaier et al.* (2004), S. 5f.

19 In Anlehnung an *Dangelmaier et al.* (2004), S. 5.

20 *Hippner/Wilde* (2003, S. 7f.) messen die Kundenprofitabilität über den Anteil der Kaufkraft eines Kunden, der beim Unternehmen verbleibt (Share of Wallet). Die meisten Unternehmen erzielen mit nur wenigen Kunden einen großen Teil ihres Gewinns.

rung von Kundenbeziehungen[21] und der Integration von Kontaktpunkten zwischen Unternehmen und Kunde vier weitere Ziele.[22] Zudem sind langfristige Kundenbeziehungen aufzubauen und zu festigen.[23] Nicht mehr Kundenneugewinnung, sondern die kontinuierliche Pflege bereits bestehender Kundenbeziehungen nimmt eine zentrale Rolle ein, um eine dauerhafte Kundenbindung zu erzielen. Es ist erwiesen, dass es kostenintensiver ist, neue Kunden zu gewinnen, als bestehende zu halten.[24] Schließlich soll eine Integration der einzelnen Kontaktpunkte zwischen Kunden und Unternehmen (Customer Touch Points) erzielt werden, um dem Kunden ein einheitliches Bild zu präsentieren („one face to the customer").[25] Eine Integration von Marketing, Vertrieb, Service etc. ist darüber hinaus bedeutend, um ein klares Bild vom Kunden und seiner Geschäftsbeziehung zu erhalten („one face of the customer").

Die Aufgabenbereiche der CRM-Systeme lassen sich in kollaboratives (oder kommunikatives), operatives und analytisches CRM unterteilen.[26] Abbildung 3 zeigt diese drei Aufgabenbereiche mit den jeweiligen Komponenten.

---

21 Zum anderen ist eine Differenzierung der Kundenbeziehungen über die Leistungs- und Kommunikationsebenen anzustreben, d. h. über die Produkte, Dienstleistungen und den Dialog mit dem Kunden. Der Begriff der Differenzierung grenzt sich von dem der Individualisierung ab. Eine Individualisierung einer Kundenbeziehung ist eine Personalisierung des Kundenkontakts über wenige Kommunikationskanäle. So kann z. B. ein Außendienstmitarbeiter, der über eine längere Zeit eine überschaubare Anzahl von Kunden betreut, zu diesen eine personalisierte Beziehung aufbauen. In Märkten mit Millionen von Kunden ist dies jedoch nicht möglich. Hier können die Kunden in homogene Gruppen segmentiert werden, um ihren Bedürfnissen und Erwartungen entsprechend differenziert angesprochen werden zu können (vgl. *Hippner/Wilde* 2003, S. 9f.).

22 Vgl. *Hippner/Wilde* (2003), S. 7ff.

23 Vgl. *Hippner/Wilde* (2003), S. 10ff.

24 Vgl. *Stojek* (2000), S. 42.

25 Nachdem der Dialog mit dem Kunden differenziert ist, sollen an den einzelnen Kontaktpunkten möglichst alle Informationen vorliegen, die der Kunde im Unternehmen hinterlassen hat. Nur so können die Bedürfnisse und Erwartungen des Kunden in kurzer Zeit erfüllt werden (vgl. *Hippner/Wilde* 2003, S. 12).

26 Vgl. *Hippner/Wilde* (2003), S. 14ff.

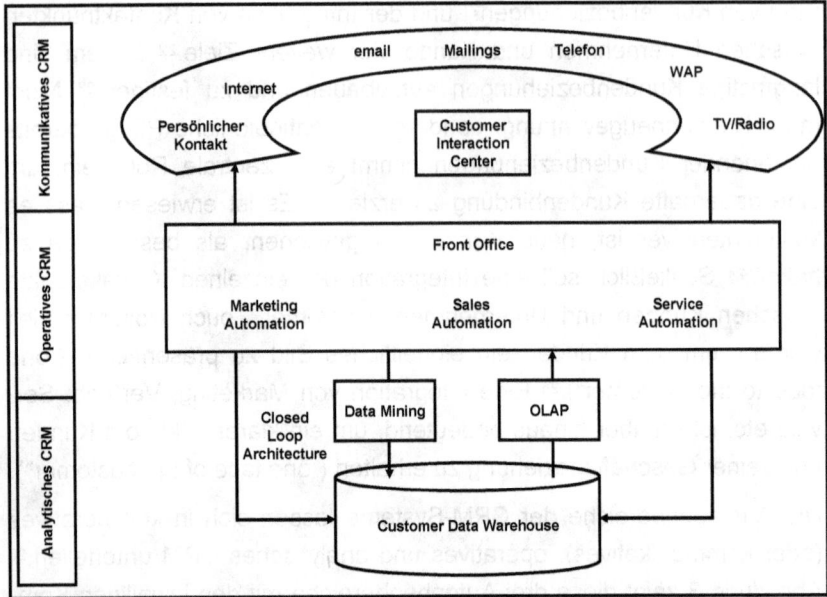

Abbildung 3: Aufgabenbereiche und Komponenten einer CRM-Lösung [27]

Das kollaborative CRM (oder kommunikatives CRM) umfasst die Synchronisation sowie die Steuerung und Unterstützung aller Kommunikationskanäle zum Kunden (Telefonie, Internet, E-Mail, Mailings etc.).[28] Diese werden so eingesetzt, dass sie eine Kommunikation in zwei Richtungen zwischen Kunden und Unternehmen ermöglichen. Dabei steht die Integration eines Customer Interaction Center (CIC) als multimediale Kommunikationsschnittstelle im Mittelpunkt.[29] Der Kunde hat durch die Integration der verschiedenen Kommunikationskanäle einen Zugang in das Unternehmen, das dadurch den Ansatz „one face to the customer" unterstützen kann.[30]

---

27   In Anlehnung an *Hippner/Wilde* (2003), S. 14.

28   Vgl. *Gaulik et al.* (2002), S. 55ff. und *Hippner/Wilde* (2003), S. 14ff.

29   Ein CIC integriert sämtliche Kommunikationskanäle wie z. B. Internet, E-Mail, Fax, Post und SMS, die bisher isoliert voneinander arbeiteten (vgl. *Gaulik et al.* 2002, S. 57).

30   Vgl. *Gaulik et al.* (2002), S. 58.

48

Das operative CRM umfasst alle Anwendungen, die im direkten Kontakt mit dem Kunden stehen (Front Office).[31] Es beinhaltet Lösungen zur Marketing-, Sales- und Service-Automation. Es unterstützt den Dialog zwischen Kunden und Unternehmen sowie die dazu erforderlichen Geschäftsprozesse mit Anbindung an Back-Office-Lösungen.[32] Kunden erfahren Betreuung von der Anfrage bis hin zur Reklamation, wobei sie im zeitlichen Ablauf verschiedene Rollen einnehmen und unterschiedliche Kommunikations- und Vertriebskanäle nutzen.

Während beim kollaborativen und operativen CRM die kundenbezogenen Geschäftsprozesse (z. B. Verkaufsgespräche, Kundendienstleistungen etc.) im Mittelpunkt stehen, werden im analytischen CRM Kundenkontakte und Kundenreaktionen systematisch aufgezeichnet (Customer Data Warehouse)[33] und zur Optimierung der kundenbezogenen Geschäftsprozesse ausgewertet (OLAP[34], Data Mining)[35]. Ziel ist „der Aufbau eines lernenden Systems (Closed Loop Architecture), um Kundenreaktionen systematisch zu verwerten und darüber die Leistungen und die Kommunikation kontinuierlich an die individuellen Kundenbedürfnisse anpassen zu können"[36].

---

31 Vgl. *Hippner/Wilde* (2003), S. 14f.

32 Back-Office-Lösungen sind Anwendungen, die nicht im direkten Kontakt mit dem Kunden stehen, sondern unternehmensintern sind (vgl. *Hippner/Wilde* 2003, S. 14).

33 Das Ziel eines Data Warehouses ist die Integration aller Geschäftsdaten in einer einzigen Datenbank, die für Abfragen und Analysen für verschiedene Anwender entlang der Wertschöpfungskette zugänglich sind. Damit ist es möglich, den Aufwand der Datenerfassung und Datenverarbeitung zu reduzieren, die Datenspeicherung effektiver zu gestalten und die Übertragungsgeschwindigkeit von Informationen zu erhöhen (vgl. *Gaulik et al.* 2002, S. 40ff.).

34 Das Online Analytical Processing (OLAP) dient der Versorgung des Managements und der Fachabteilungen mit integrierten, konsistenten Daten (vgl. *Gaulik et al.* 2002, S. 44).

35 Data Mining untersucht die Interdependenzen zwischen den in einem Data Warehouse gespeicherten Informationen. Verschiedene statistische Verfahren werden angewendet, um unerkannte Zusammenhänge aufdecken zu können (vgl. *Gaulik et al.* 2002, S. 44ff.).

36 *Gaulik et al.* (2002), S. 39.

Diese drei Aufgabenbereiche ermöglichen es, aus dem noch unbewerteten gesammelten Datenmaterial der Bereiche Marketing, Vertrieb und Service (Front Office) wertvolles Wissen über die Kunden und Interessenten zu generieren.[37]

Wettbewerbsvorteile durch CRM

Link/Hildebrand zeigen die typischen Wettbewerbsvorteile kundenorientierter Informationssysteme (siehe Abbildung 4).[38] Ein Vorteil liegt darin, die Erfolg versprechenden Kunden leichter auszumachen. So kann auf die individuellen Kundenbedürfnisse eingegangen und jeder einzelne Kunde persönlich angesprochen werden. Zunächst kommt es zu einer schnelleren Angebotserstellung und Auftragsbearbeitung sowie einer Früherkennung von Marktchancen.

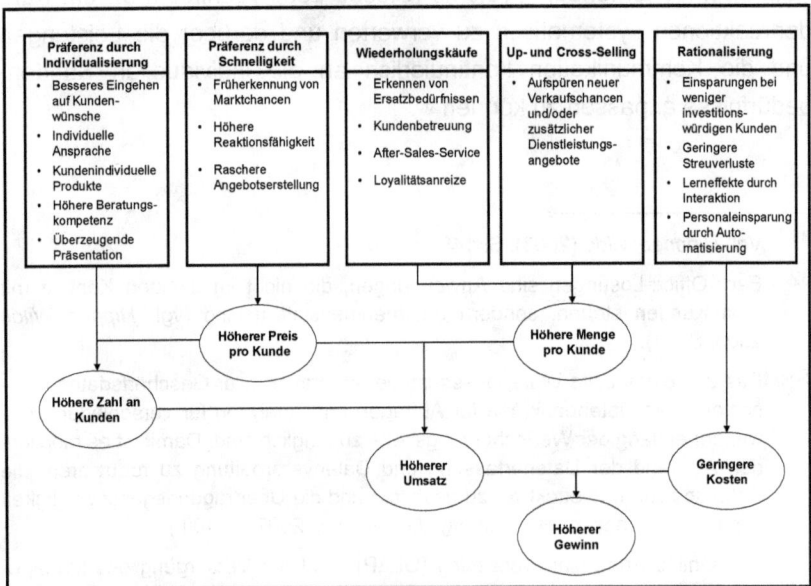

Präferenz durch Individualisierung	Präferenz durch Schnelligkeit	Wiederholungskäufe	Up- und Cross-Selling	Rationalisierung
• Besseres Eingehen auf Kundenwünsche • Individuelle Ansprache • Kundenindividuelle Produkte • Höhere Beratungskompetenz • Überzeugende Präsentation	• Früherkennung von Marktchancen • Höhere Reaktionsfähigkeit • Raschere Angebotserstellung	• Erkennen von Ersatzbedürfnissen • Kundenbetreuung • After-Sales-Service • Loyalitätsanreize	• Aufspüren neuer Verkaufschancen und/oder zusätzlicher Dienstleistungsangebote	• Einsparungen bei weniger investitionswürdigen Kunden • Geringere Streuverluste • Lerneffekte durch Interaktion • Personaleinsparung durch Automatisierung

Abbildung 4: Kosten- und Nutzenvorteile durch CRM [39]

---

37 Vgl. *Kahle/Hasler* (2001), S. 221.

38 Vgl. *Link/Hildebrand* (1995), S. 17ff.

39 In Anlehnung an *Link/Hildebrand* (1995), S. 18.

Durch eine individuelle Kundenbetreuung und Kundenbindung sowie ein frühzeitiges Erkennen von Ersatzbedürfnissen werden Kunden zu Wiederholungskäufen und Cross-Buying angeregt.[40] Für den Anbieter bedeutet dies eine Absatz- und Umsatzsteigerung pro Kunde. Letztendlich kommt es zu einem Rationalisierungspotenzial.[41] Kosten sinken durch den Ausschluss weniger rentabler Kunden. Die Direktansprache Erfolg versprechender Kunden reduziert wiederum Streuverluste von Werbungsmaßnahmen in der Kommunikationspolitik. Durch die zunehmende Interaktion zwischen Kunden und Unternehmen entstehen Lerneffekte, die zu einer Senkung der Kundenbetreuungskosten führen.[42] Schließlich trägt die Automatisierung von Prozessen zur Kostensenkung bei.

Die oben genannten Kosten- und Nutzenvorteile geben Unternehmen mit einem CRM-Ansatz einen Wettbewerbsvorsprung. Weitere Wettbewerbsvorteile sind die Effizienz- und Effektivitätssteigerung.[43] Diese resultieren beispielsweise aus einer Vereinfachung der täglichen administrativen Arbeit durch Prozessoptimierungen, aus einer systematischen Datenintegration und -verteilung oder einer gezielten Analyse dieser Daten.

Erfolgsfaktoren im CRM

Die Implementierung von CRM-Systemen bringt zahlreiche Probleme mit sich. In der Literatur und in Berichten aus der Praxis werden mehrere Problembereiche benannt. Im Folgenden werden lediglich einige ausgewählte Problembereiche erläutert:[44]

---

40 Vgl. *Link/Hildebrand* (1995), S. 18.

41 Vgl. *Link/Hildebrand* (1995), S. 18.

42 Vgl. *Link/Hildebrand* (1995), S. 18.

43 Vgl. *Holland* (2004), S. 181.

44 In der Literatur werden zahlreiche Problembereiche bei der Implementierung von CRM-Systemen diskutiert. Dazu gehört u. a. eine falsche CRM-Strategie und CRM-Philosophie, Fehler bei der Implementierung von CRM-Systemen und die Verwendung der falschen CRM-Software (vgl. z. B. *Dangelmaier et al.* 2004, S. 12ff. und *Schaller et al.* 2004, S. 71ff.).

- Daten sind häufig weder aktuell, korrekt noch redundanzfrei.[45] Dies führt zur inkorrekten Ansprache von Kunden und ungenauen Datenauswertungen für die Erstellung von Analysen und Prognosen.

- Viele CRM-Systeme sind isoliert und können somit das vorhandene Datenmaterial anderer Unternehmensbereiche nicht nutzen.[46] Es fehlt an einer vollständigen Integration von CRM-Systemen. Hierbei ist die Gestaltung der Datenbanken bedeutend. Zum einen besteht keine gemeinsame Datenbank, sondern es bestehen verschiedene Datensysteme im Vertrieb, im Kundenservice oder in der Buchhaltung. Zum anderen sind die Datenbanken nicht einheitlich gestaltet. Die Daten liegen in multimedialen Formen vor, als strukturierte Daten, als Fließtext, als graphische Darstellung oder als Bilder.

- Die Funktionalitäten von CRM-Systemen sind hochkomplex und es besteht eine niedrige Nutzenakzeptanz.[47]

- Die Kundenprozesse sind mit weiteren unternehmensinternen Prozessen (wie z. B. in der Buchhaltung, Produktion und Logistik) nicht integriert.

- Die Einbindung der Mitarbeiter während und nach der Einführung von CRM-Systemen ist nicht ausreichend.

Um die oben genannten Problembereiche zu umgehen, sind die folgenden Erfolgsfaktoren bei der Einführung von CRM-Systemen zu beachten (siehe Abbildung 5).

---

45 Vgl. *Rich* (2004), S. 36ff.

46 Vgl. *Rapp* (2000), S. 74 und *Zellner* (2002), S. 8.

47 Vgl. *Zellner* (2002), S. 8.

Erfolgsfaktor	Beschreibung
Qualität der Daten	Die Daten müssen aktuell, korrekt und redundanzfrei sein, um eine genaue Datenauswertung zu erreichen.
Systemarchitektur	Eine vollständige Integration von CRM-Systemen ist essenziell, um ein unternehmensweites System und entsprechende Prozesse zu etablieren.
CRM-Prozesse	Die Integration des Kundenprozesses über alle Kundenkontaktpunkte und alle Kanäle hinweg ist der Zweck von CRM.
Organisation	Die Anpassung der Organisation an die neue Zielsetzung ist notwendig. Die Aufbauorganisation und die Arbeitsabläufe richten sich an den neuen Prozessen aus und werden durch neue Technologien unterstützt.
Kultur	Es sollte eine frühere Einbindung der Mitarbeiter bei der Entwicklung des CRM-Systems geben, die sich mit dem System befassen müssen. Eine Etablierung des allgemeinen Verständnisses für die Mitarbeiter, die nicht direkt davon betroffen sind, ist wichtig.

Abbildung 5: Erfolgsfaktoren bei der Einführung von CRM-Systemen [48]

Von besonderer Bedeutung für den erfolgreichen Einsatz eines CRM-Systems ist sicherlich die Datenqualität, denn wie für alle anderen EDV-Anwendungen gilt auch hier: „Garbage in, garbage out". Um die Effizienzpotenziale des CRM tatsächlich realisieren zu können, ist eine vollständige Integration essenziell – Medienbrüche o. ä. sind entsprechend zu vermeiden. Des Weiteren ist eine Abstimmung von Organisation und Prozessen an die CRM-Landschaft notwendig. Darüber hinaus sollte eine frühere Einbindung der betroffenen Mitarbeiterinnen und Mitarbeiter erfolgen, denn nur diese kann den notwendigen Buy-In garantieren – die neue CRM-Welt kann nur erfolgreich sein, wenn sie auch von der Organisation gelebt wird.

---

[48] In Anlehnung an *Homburg/Sieben* (2003), S. 442ff. und *Puschmann/Alt* (2002), S. 34ff.

Literatur

Berry, L. (1983): Relationship Marketing. In: *Berry, L./Shostack, G./Upah, G.* (Hrsg.): Emerging Perspectives on Services Marketing, Chicago, S. 25-28.

Dangelmaier, W./Helmke, S./Uebel, M. (2004): Grundrahmen des Customer Relationship Management-Ansatzes. In: *Dangelmaier, W./Helmke S./Uebel M.* (Hrsg.): Praxis des Customer Relationship Management, 2. Aufl., Wiesbaden, S. 2-16.

Diller, H. (1995): Beziehungsmarketing. In: Wirtschaftswissenschaftliches Studium, 9. Jg.,1995, S. 442-447.

Gaulik, T./Kellner, J./Seifert, D. (2002): Effiziente Kundenbindung mit CRM, Bonn.

Hippner, H. (2004): CRM – Grundlagen, Ziele und Konzepte. In: *Hippner, H./Wilde, K.* (Hrsg.): Grundlagen des CRM – Konzepte und Gestaltung, Wiesbaden, S. 13-41.

Hippner, H./Wilde, K. (2003): CRM – Ein Überblick. In: *Helmke S./Uebel M./Dangelmaier W.* (Hrsg.): Effektives Customer Relationship Management, 3. Aufl., Wiesbaden, S. 4-37.

Holland, H. (2004): Direktmarketing, 2. Aufl., München.

Homburg, Chr./Bruhn, M. (2003): Kundenbindungsmanagement – Eine Einführung in die theoretischen und praktischen Problemstellung. In: *Bruhn M./Homburg, Chr.* (Hrsg.): Handbuch Kundenbindungsmanagement, 4. Aufl., Wiesbaden, S. 3-37.

Homburg, Chr./Sieben, F. (2003): Customer Relationship Management – Strategische Ausrichtung statt IT-getriebenem Aktivismus. In: *Bruhn M./Homburg, Chr.* (Hrsg.): Handbuch Kundenbindungsmanagement, 4. Aufl., Wiesbaden S. 423-450.

Kahle, U./Hasler, W. (2001): Informationsbedarf und Informationsbereitstellung im Rahmen von CRM-Projekten. In: *Link, J.* (Hrsg.): Customer Relationship Management – Erfolgreiche Kundenbeziehungen durch integrierte Informationssysteme, Berlin, S. 213-234.

Köhler, R. (2001): Customer Relationship Management – Interdisziplinäre Grundlagen der systematischen Kundenorientierung. In: *Klein, S./Loebbecke C.* (Hrsg.): Interdisziplinäre Managementforschung und Lehre, Wiesbaden, S. 79-107.

Link, J./Hildebrand, V. (1995): Wettbewerbsvorteile durch kundenorientierte Informationssysteme. In: *Link, J./Hildebrand, V.* (Hrsg.): EDV-gestütztes Marketing im Mittelstand, München, S. 1-21.

Puschmann, T./Alt, R. (2002): Benchmarking Customer Relationship Management. In: Berichte der Universität St. Gallen, S. 1-42.

Rapp, R. (2000): Customer Relationship Management – Das neue Konzept zur Revolutionierung der Kundenbeziehungen, Frankfurt/Main.

Rich, R. (2004): Data Quality: CRM's weak link. In: Customer Interaction Solutions, 3/2004, S. 36-38.

Schaller, C./Stotko, C./Piller, F. (2004): Mit Mass Customization basiertem CRM zu loyalen Kundenbeziehungen. In: *Hippner, H./Wilde, K.* (Hrsg.): Grundlagen des CRM – Konzepte und Gestaltung, Wiesbaden, S. 67-89.

Schwede, S. (2000): Vision und Wirklichkeit von CRM. In: Information Management Consulting, 1/2000, S. 7-11.

Schwetz, W. (2000): Customer Relationship Management – Mit dem richtigen CAS/CRM-System Kundenbeziehungen erfolgreich gestalten, Wiesbaden.

Stojek, M. (2000): Customer Relationship Management – Software, Strategie, Prozess oder Konzept? In: IM – Die Fachzeitschrift für Information Management und Consulting, 15. Jg., 1/2000, S. 37-42.

Zellner, G. (2002): Beziehungsmanagement im Fokus – Ergebnisse einer empirischen Untersuchung. In: Berichte der Universität St. Gallen, S. 1-23.

Erfolgsfaktor Datenqualität – die Abhängigkeit der CRM-Systeme vom Dateninput

Amparo Galiñanes García/Carsten Rennhak/Gerd Nufer

Eine der entscheidenden Gründe für das Scheitern vieler CRM-Konzepte ist mangelnde Datenqualität. Inkorrekte, redundante, unvollständige und veraltete Daten werden erfasst und in den Datenbanken gespeichert. Darüber hinaus entstehen Fehler in der Datenübertragung und -integration. Zusätzlich erfolgt häufig eine mangelnde Datenpflege. Die inkorrekte Kundenansprache durch falsche Daten erhöht dann das Risiko von Kundenabwanderungen. Weiterhin werden Analysen durchgeführt, die auf mangelhaften Datenwerten basieren, was zu Fehlentscheidungen im Unternehmen bezüglich des Produktportfolios, der Preis-, der Kommunikations- oder der Distributionspolitik führen kann. Dies alles kann direkt oder indirekt zur Beeinträchtigung des Unternehmensabsatzes und -umsatzes beitragen. Datenqualität gilt deshalb neben Systemarchitektur, Prozessen und organisatorischer Einbettung als wesentlicher Erfolgsfaktor für eine umfassende Lösung der CRM-Herausforderung in Unternehmen.

Um die enorme Bedeutung der Datenqualität besser einordnen zu können, werden im vorliegenden Beitrag die Ursachen mangelnder Datenqualität und die Konzepte eines pro- und reaktiven Datenqualitätsmanagements dargestellt. Zunächst werden aber wichtige Begriffsdefinitionen und die unterschiedlichen Ansätze der Datenqualität erläutert.

Definition und Begriffsabgrenzung

In der Literatur kommen die Begriffe Wissen, Informationen und Daten überwiegend synonym zur Anwendung. Eine Abgrenzung dieser Begriffe ist daher notwendig. Wissen ist „jede Form der Repräsentation von Teilen der realen oder gedachten (d. h. vorgestellten) Welt in einem materiellen Trägemedium"[1]. Kennzeichnend dafür ist die Repräsentation

---

1   *Bode* (1997), S. 458.

einer Menge von Aussagen über eine reale Welt. Dagegen sind Informationen „Wissensbestandteile, die in Form menschlicher Sprache repräsentiert sind"[2]. Hierbei wandelt sich Wissen in Informationen um, wenn zwischen Menschen eine Übermittlung von Wissen stattfindet. Zuletzt sind Daten Informationen, „deren sprachliche Repräsentationsform und materielle Träger auf eine maschinelle Verarbeitung gerichtet sind"[3]. Somit sind Daten maschinenverarbeitbare Informationen.[4]

Der Datenbegriff ist umfassend. Dieser Beitrag betrachtet ausschließlich Kundendaten. Sie lassen sich vier Datenkategorien zuordnen (siehe Abbildung 1).

Datenkategorien	Beschreibung
Stammdaten	Langfristig gleichbleibende und von Angeboten des Unternehmens unabhängige Informationen (z. B. Name, Vorname, Geburtstag, Anschrift und Wohnort).
Aktionsdaten	Informationen über kundenbezogene Maßnahmen des Unternehmens, die an die entsprechende Person gerichtet wurden (z. B. die Zahl der verschickten Werbebriefe an einen Kunden).
Reaktionsdaten	Informationen über die Reaktionen der Kunden auf die kundenbezogenen Maßnahmen des Unternehmens (z. B. Anfragen und Reklamationen).
Potenzial- oder Bewegungsdaten	Informationen über das Nachfrageverhalten und darüber, welche Produkte der Kunde wann nachgefragt hat (z. B. im Falle eines Automobilherstellers das Datum des letzten Kaufs, die Kilometerleistung und der Wiedermotorisierungszeitpunkt). Sie sind langfristig nicht gleichbleibende Informationen und von den Angeboten des Unternehmens abhängig.

Abbildung 1: Datenkategorien[5]

Weiterhin wird hier der Begriff Qualität untersucht, den die Literatur als vielseitig und komplex darstellt. Eine allgemein akzeptierte Begriffsbe-

---

2   *Bode* (1997), S. 459.

3   *Bode* (1997), S. 460.

4   Dieser Beitrag fokussiert ausschließlich auf Daten.

5   In Anlehnung an *Link/Hildebrand* (1995), S. 9. Für den weiteren Verlauf dieses Beitrags konzentrieren wir uns auf Stamm- und Bewegungsdaten.

schreibung ist die DIN-Norm 55 350. Danach ist die Qualität die Gesamtheit von Eigenschaften und Merkmalen eines Produktes oder einer Tätigkeit. Sie bezieht sich auf die Erfüllung gegebener Erfordernisse.[6] *Garvin* unterscheidet zwischen fünf Qualitätssichten (siehe Abbildung 2).

Qualitätsperspektive	Beschreibung
Transzendenter Ansatz	Der transzendente Ansatz kennzeichnet Qualität als vorgegebene Vortrefflichkeit, Einzigartigkeit oder Superlative. Qualität ist ein Synonym für hohe Standards und Ansprüche.
Produktbezogener Ansatz	Beim produktbezogenen Ansatz bestimmen die materiellen Eigenschaften die Qualität eines Produktes. Qualität ist nach diesem Verständnis präzise messbar und eine spezifische Eigenschaft des Produktes selbst.
Anwenderbezogener Ansatz	Beim anwenderbezogenen Ansatz herrscht die Auffassung vor, dass Qualität durch den Produktnutzer und weniger durch das Produkt selbst bestimmt wird. Ein Produkt ist von hoher Qualität, wenn es dem Zweck der Benutzung durch den Kunden dient. Die individuellen Bedürfnisse des Kunden sind dabei bestimmend.
Prozessbezogener Ansatz	Nach diesem Ansatz bedeutet Qualität die Einhaltung von Spezifikationen und die Abwesenheit von Fehlern. Ziel ist die Einhaltung der Produktspezifikation durch kontrollierte Produktionsprozesse.
Wertbezogener Ansatz	Der wertbezogene Ansatz betrachtet Qualität unter Kostengesichtspunkten. Ein Produkt ist dann von hoher Qualität, wenn die Kosten und die empfangene Leistung in einem akzeptablen Verhältnis stehen.

Abbildung 2: Qualitätssichten nach Garvin[7]

Ansätze zum Begriff der Datenqualität

Es gilt nun, aus den obigen allgemeinen Daten- und Qualitätsdefinitionen den Begriff der Datenqualität abzuleiten. Die Literatur bietet keine allgemeine Begriffsdefinition. Der Begriff wird durch verschiedene Qualitätsmerkmale konkretisiert, die in unterschiedlichen Ansätzen erläutert

---

6 Vgl. *o. V.* (1995a).

7 In Anlehnung an *Garvin* (1988), S. 40. In der Betrachtung der Qualität der Kundendaten fokussiert dieser Beitrag auf den anwenderbezogenen sowie den prozessbezogenen Ansatz.

werden.[8] Im Folgenden werden lediglich einige ausgewählte Ansätze betrachtet.

Der Ansatz von *Wand/Wang* fokussiert auf die interne Ebene eines Informationssystems.[9] Diesem Ansatz liegt die Annahme zugrunde, dass ein Systemnutzer das Informationssystem mit der realen Welt vergleicht. Inkonsistenzen zwischen dem Informationssystem und der realen Welt führen zu Datenqualitätsmängeln. Die oben genannten Autoren identifizieren vier Fehlertypen, aus denen innere Datenqualitätsmerkmale abgeleitet werden.[10] Die Merkmale sind Vollständigkeit, Eindeutigkeit, Bedeutung und Korrektheit. Eine von *Wang/Strong* durchgeführte empirische Untersuchung stellt Genauigkeit und Korrektheit als die wichtigsten Datenqualitätsmerkmale dar.[11] Ergebnis dieser Untersuchung sind vier Kategorien mit zugeordneten Qualitätsmerkmalen (siehe Abbildung 3).

Kategorie	Datenqualitätsmerkmale
Innere Datenqualität	Glaubwürdigkeit, Genauigkeit, Objektivität, Vertrauenswürdigkeit
Kontextabhängige Datenqualität	Zusatznutzen, Relevanz, Aktualität, Vollständigkeit, angemessenes Datenvolumen
Darstellungsqualität	Interpretierbarkeit, Verständlichkeit, konsistente Darstellung, knappe Darstellung
Zugangsqualität	Zugriffsmöglichkeit, Zugriffssicherheit

Abbildung 3: Datenqualitätsmerkmale nach Wang/Strong[12]

Helfert untergliedert die Datenqualitätsmerkmale in zwei Kategorien: Datenschema und Datenwerte.[13] Als wichtigste Qualitätsmerkmale bezo-

---

8   In der Literatur wird der Begriff der Datenqualität meist synonym zum Begriff der Informationsqualität genutzt.

9   Vgl. *Wand/Wang* (1996), S. 87ff.

10 Vgl. *Wand/Wang* (1996), S. 93f.

11 Vgl. *Wang/Strong* (1996), S. 20f.

12 In Anlehnung an *Wang/Strong* (1996), S. 20.

13 Das Datenschema beschreibt das Datenmodell (vgl. *Helfert* 2002, S. 82ff.).

gen auf das Datenschema ergeben sich Interpretierbarkeit und die
Nützlichkeit der Daten (siehe Abbildung 4).

Kategorie	Merkmal
Interpretierbarkeit	Semantik, Identifizierbarkeit, Synonyme, zeitlicher Bezug, Repräsentation fehlender Werte
Nützlichkeit (zweckbezogen)	Vollständigkeit, Erforderlichkeit, Granularität, Präzision der Wertebereichsdefinition

Abbildung 4: Qualitätsmerkmale bezogen auf das Datenschema von Helfert[14]

Für *Helfert* (2002, S. 84) sind die Glaubwürdigkeit, der zeitliche Bezug,
die Nützlichkeit sowie die Verfügbarkeit wesentliche Datenqualitätsmerkmale (siehe Abbildung 5). Die dargestellten Ansätze zeigen die
Vielschichtigkeit des Begriffs der Datenqualität. Die Qualität von Daten
ist sehr subjektiv, da jedes Unternehmen, jedes System oder jede
Person unterschiedliche Daten benötigt.

Kategorie	Merkmal
Glaubwürdigkeit	Korrektheit, Datenherkunft, Vollständigkeit, Widerspruchsfreiheit, syntaktische Korrektheit, Zuverlässigkeit
Zeitlicher Bezug	Aktualität, zeitliche Konsistenz, Volatilität
Nützlichkeit	Relevanz, zeitlicher Bezug
Verfügbarkeit	Zeitliche Verfügbarkeit, Systemverfügbarkeit, Transaktionsverfügbarkeit, Zugriffsrechte

Abbildung 5: Qualitätsmerkmale (Datenwerte) von Helfert (2002, S. 84)

Nutzen und Kosten von Datenqualität

In der Wissenschaft und Praxis wird überwiegend von einem direkten
positiven Wirkungszusammenhang zwischen Datenqualität und CRM
gesprochen.[15] Eine Verbesserung der Datenqualität führt zur Verbesserung der Kundenorientierung und damit der Kundenbeziehung. Eine
genauere Zielgruppenidentifizierung und -differenzierung ist dadurch

---

14 In Anlehnung an *Helfert* (2002), S. 83.

15 Vgl. *Khalil/Harcar* (1999).

möglich. Darüber hinaus kommt es zu einer effektiveren Umsetzung von Marketingmaßnahmen.

Heinrich/Helfert (2003, S. 18) fechten diesen Standpunkt an. Sie sind der Meinung, dass die Maßnahmen zur Sicherung der Datenqualität nicht immer zwingend zu einer Verbesserung der Geschäftsbeziehung aus Anbietersicht führen müssen. Kunden sollten einen Nutzen aus z. B. einer unkomplizierten Transaktionsabwicklung aufgrund der Speicherung und Aufbereitung ihrer Daten unter Qualitätsgesichtspunkten ziehen. Zudem muss der generierte Nutzen einen gewissen Grad an Signifikanz erreichen, damit die Wirkung der Datenqualitätsmaßnahmen nicht negativ ist, sondern zu einer intensiveren Beziehung führen kann. Kundendatenqualitätsmängel können wiederum unterschiedliche negative Auswirkungen mit sich bringen. Die Literatur diskutiert über eine Vielfalt von negativen Auswirkungen mangelnder Kundendatenqualität.[16] Abbildung 6 zeigt eine Kategorisierung dieser Auswirkungen anhand einiger Beispiele.

Kategorie	Beispiele
Zusatzaufwand	Aufwendige Suche nach den richtigen Werten, Doppelerfassungen, nachträglicher Aufwand beim Erstellen von Analysen und Berichten, aufwendige Transformationslogik (Entwicklungs- und Betriebsaufwand)
Interne Akzeptanz	Unglaubwürdigkeit, interner Imageverlust, erwarteter Nutzen wird nicht erreicht, nur von Spezialisten nutzbar
Unterstützung operativer Prozesse	Kundenbeschwerden, Kundenabwanderungen, Ansprache der falschen Zielgruppe, ungenutzte Cross-Selling-Möglichkeiten, falsche Provisions- und Prämienberechnungen
Entscheidungsprozesse	Ansammlung unerwünschter Risiken, falsche Tarif- und Preiskalkulation, ungenaue Rentabilitätsberechnungen, falsche strategische Ausrichtung

Abbildung 6: Auswirkungen mangelnder Datenqualität[17]

Die Suche nach den richtigen Werten erfordert durch Doppelerfassungen oder durch nachträgliches Erstellen von Analysen und Berichten mit

---

16   Vgl. *Helfert* (2002), S. 3f.
17   In Anlehnung an *Helfert* (2002), S. 4.

den richtigen Werten einen Zusatzaufwand.[18] Außerdem ergibt sich eine geringe interne Akzeptanz aufgrund des Vertrauensverlustes der Datennutzer. Hinzu kommt eine unzureichende Unterstützung der operativen Geschäftsprozesse, weil die falsche Zielgruppe identifiziert und angesprochen wird. Schließlich kommt es zu mangelhaften Entscheidungen, so dass beispielsweise falsche Kundensegmente ausgewählt werden.[19] Zuletzt ist der Erfolg des Beschwerdemanagements auf eine gute Kundendatenqualität zurückzuführen. Bei inkorrekten Daten besteht die Gefahr, dass eine Unzufriedenheit bei den Kunden nach einer Beschwerde entsteht.

Ursachen für mangelnde Datenqualität

Die Ursachen für Datenqualitätsmängel sind vielfältig und liegen u. a. in der Datenerfassung, in der Datenübertragung von den Datenquellen zu Datenbanken, in der Datenintegration und in der Datenhaltung (siehe Abbildung 7).

Bei der Datenerfassung können die Daten nicht nur irrelevant und veraltet, sondern die Angaben auch redundant und unvollständig sein.[20] Hier besteht ein Hindernis, das in der Datenqualität nur schwer zu umgehen ist. Kunden sind überwiegend nicht bereit, Daten über ihre Interessen und Bedürfnisse preiszugeben. Die Studie von *Hippner et al.* (2004, S. 150f.) bestätigt diese Annahme. 76% der befragten Personen sind nicht bereit, Daten über Interessen und/oder Bedürfnisse zur Verfügung zu stellen. Nur 22% sind bereit, ihre persönlichen Daten anzugeben.

Des Weiteren können bei der Datenübertragung und in den Datenverarbeitungsprozessen Fehler auftreten. Zudem können die Transformations- und Bearbeitungsprozesse zur Datenintegration fehlerhaft sein.

---

18 Vgl. *Helfert* (2002), S. 3f.

19 Vgl. *Hinrichs* (2002), S. 7.

20 Es bestehen weitere Ursachen für Fehler bei der Datenerfassung, wie beispielsweise die mangelnde Konzentration oder Motivation sowie die bewusste Verfälschung (vgl. *Hinrichs* 2002, S. 34f.). Diese Ursachen werden im vorliegenden Beitrag nicht näher betrachtet.

Ein weiteres Problemfeld kann die mangelhafte Aktualisierung von Daten bilden.

Kategorie	Datenqualitätsmängel
Datenerfassung	Inkorrekte Angaben verursacht durch Eingabefehler (Buchstabierfehler, fehlerhafte Orthographie und Verwendung von Synonymen), phonetische Fehler, fehlende Angaben, widersprüchliche Angaben, Tippfehler, redundante Datenerfassung, veraltete Datenattribute, unvollständige Angaben, irrelevante Datenattribute
Datenübertragung	Technische Fehler bei der Übertragung von Datenbeständen von den Datenquellen zu Datenbanken (z. B. in Form von fehlerhaften Datenträgern), fehlerhafte Datenverarbeitungsprozesse zur Vor- bzw. Nachbereitung der Übermittlung (z. B. Export aus einer Datenbank)
Datenintegration	Fehlerhafte Transformations- und Bereinigungsprozesse zur Vereinheitlichung und Konsolidierung von Daten (keine Vermeidung von Dubletten)[21]
Datenhaltung	Veraltete Datenattribute

Abbildung 7: Typische Ursachen für Datenqualitätsmängel[22]

Konzept des pro- und reaktiven Datenqualitätsmanagements

Seit Mitte der neunziger Jahre gibt es in der Literatur eine Diskussion darüber, dass Datenqualität eine Managementaufgabe sei.[23] Nach DIN ist Datenqualitätsmanagement „die Gesamtheit aller Tätigkeiten der Gesamtführungsaufgabe, die die Datenqualitätspolitik, die Datenqualitätsziele und die Verantwortung für die Datenqualität festlegt"[24]. Dieses Konzept zieht proaktive gegenüber reaktiven Maßnahmen zur Verbesserung der Datenqualität vor.[25] Während reaktive Maßnahmen lediglich die Erkennung von Fehlern und die notwendigen Korrekturen umfassen,

---

21 Eine Dublette kommt vor, wenn ein und derselbe Kunde mehrfach in verschiedenen Systemen und unter unterschiedlichen Namensvarianten gespeichert wird.

22 In Anlehnung an *Helfert* (2002), S. 90f. und *Hinrichs* (2002), S. 32ff.

23 Vgl. *Helfert* (2002), S. 96ff. und *Hinrichs* (2002), S. 37ff.

24 *o.V.* (1995b).

25 Vgl. *Redman* (1996), S. 30ff.

konzentrieren sich proaktive Maßnahmen auf die Vermeidung von Fehlern im Vorfeld. Der optimale Einsatz der verschiedenen Maßnahmen hängt von der Änderungshäufigkeit und der Bedeutung der Daten ab (siehe Abbildung 8).

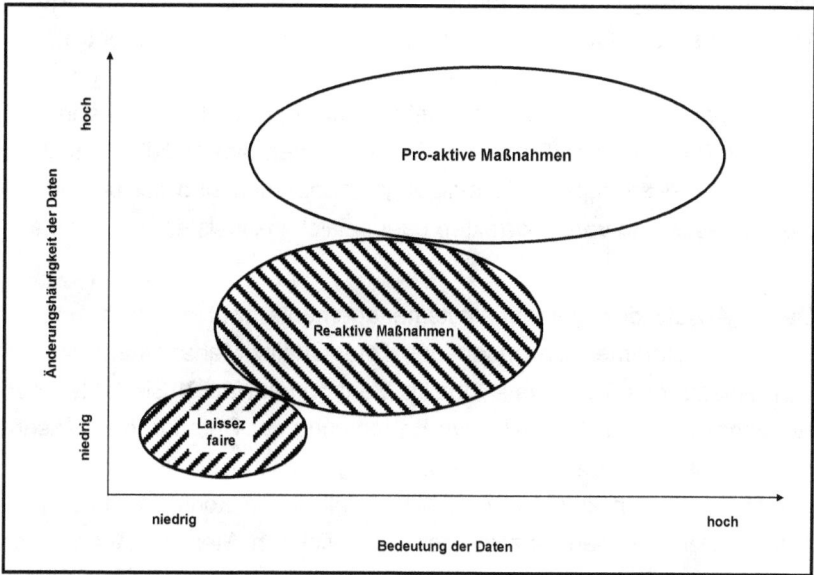

Abbildung 8: Maßnahmenportfolio nach verschiedenen Kriterien[26]

Für wichtige und sich nur selten ändernde Daten eignen sich die reaktiven (oder Korrektur-)Maßnahmen.[27] Sie setzen direkt bei den Daten an und beheben Qualitätsmängel, ohne jedoch deren Ursache zu beseitigen. Zwei grundsätzliche Verfahren kommen in Betracht: manuelle und maschinelle Korrekturverfahren. Während das manuelle Vorgehen zeitaufwendig ist, ist das maschinelle Vorgehen schneller in der systematischen Erkennung eines Fehlers. Für wichtige und sich häufig ändernde Daten bieten sich dagegen proaktive (oder Präventiv-)Maßnahmen an.[28] Sie umfassen die Suche nach den Ursachen der Fehler und die Beseiti-

---

26 In Anlehnung an *Redman* (1996), S. 30.

27 Vgl. *Redman* (1996), S. 30f.

28 Vgl. *Redmann* (1996), S. 30f.

gung dieser Fehler. Im Vergleich zu den Korrekturmaßnahmen sind sie langfristig kostengünstiger. Für weniger und sich selten ändernde Daten ist das „Laissez Faire"-Prinzip geeignet.[29] Die Literatur, die sich mit dem Konzept des Datenqualitätsmanagements befasst, stellt die proaktiven Maßnahmen in den Mittelpunkt. Nach *Helfert* (2002, S. 4f.) sind Ursachen mangelnder Datenqualität zu identifizieren und adäquate Maßnahmen zur Qualitätsverbesserung zu ermitteln. Die Identifikation der Ursachen mangelnder Datenqualität wird durch die „Betrachtung des Gesamtprozesses der Datenentstehung bis hin zur Datenverwendung mit allen damit zusammenhängenden Aktivitäten hinsichtlich qualitativer Zielsetzung"[30] ermöglicht. Bereinigungsmaßnahmen sind nur bedingt für die Verbesserung von inkorrekten oder zeitlich inkonsistenten Daten einzusetzen.

Dieser Ansatz des Datenqualitätsmanagements baut auf dem aus der Produktion stammenden Ansatz des Total Quality Management und auf dem Ansatz des Total Data Quality Management auf.[31] Sie bilden den Ausgangspunkt für die qualitative Betrachtung der Daten in der Wissenschaft. Das TQM stellt eine Verankerung der Qualitätsüberzeugung in der Unternehmenskultur in den Mittelpunkt.[32] Ein kontinuierlicher Prozesskreislauf aus den Einzelprozessen Definieren, Messen, Analysieren und Verbessern ermöglicht eine Qualitätsverbesserung, die auf Datenqualität übertragbar ist.[33] Das Total Data Quality Management konzentriert sich zunächst auf eine einheitliche Vorgehensweise zur kontinuierlichen Verbesserung der Datenqualität.[34] Es umfasst eine Ablauf-

---

29   Beim „Laissez Faire"-Prinzip geht es um die Maßnahmen, die vom Kunden selbst und nicht vom Unternehmen initiiert werden. Aus der Fehlerentdeckung und Beschwerde seitens des Kunden kommt es zu einer Ausbesserung der Fehler. Der Nachteil dieser Maßnahme liegt darin, dass der Kunde die Fehler entdeckt. Dies kann zu einem Vertrauensverlust des Kunden gegenüber dem Unternehmen führen (vgl. *Redmann* 1996, S. 30f.).

30   *Helfert* (2002), S. 4.

31   Vgl. *English* (1999), S. 52ff., *Helfert* (2000), S. 66ff. und *Wang* (1998), S. 59.

32   Vgl. *Helfert* (2000), S. 66.

33   Vgl. *Wang* (1998), S. 60.

34   Vgl. *English* (1999), S. 70ff.

organisation,[35] bestehend aus der Definition und der Festlegung von Datenqualitätsanforderungen, der Datenqualitätsbestimmung, der Datenbereinigung und -umstrukturierung sowie der Verbesserung der Informationsprozessqualität.[36] Es beinhaltet auch die Vermittlung des Wertes qualitativer Daten durch die Schaffung einer Datenqualitätskultur im Unternehmen.

Der vom Institut für Wirtschaftsinformatik der Universität St. Gallen entwickelte Ansatz des methodenbasierten Datenqualitätsmanagements umfasst den Prozesskreislauf vom TQM und die im Total Data Quality Management verankerte Ablauforganisation.[37] Zusätzlich entwickelt er eine Aufbauorganisation sowie geeignete Methoden und Empfehlungen für Standards und Normen, die alle Phasen und Bereiche der Datenversorgung und -bearbeitung methodisch unterstützen (siehe Abbildung 9). Die Aufbauorganisation umfasst die Etablierung einer allgemeinen Qualitätsphilosophie und Unternehmenskultur für die Förderung qualitativ hochwertiger Daten sowie für die Anpassung der Organisationsstruktur an das Qualitätsmanagementsystem.[38]

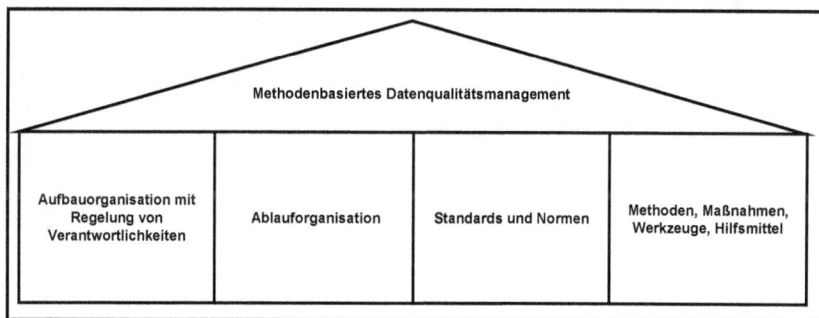

Methodenbasiertes Datenqualitätsmanagement			
Aufbauorganisation mit Regelung von Verantwortlichkeiten	Ablauforganisation	Standards und Normen	Methoden, Maßnahmen, Werkzeuge, Hilfsmittel

Abbildung 8: Methodenbasiertes Datenqualitätsmanagement[39]

---

35 Die Ablauforganisation untersucht die organisatorische Gestaltung einzelner Arbeitsprozesse (vgl. *Meffert* 2000, S. 1065).

36 Vgl. *English* (1999), S. 70f.

37 Vgl. *Helfert* (2000), S. 67f.

38 Vgl. *Meffert* (2000), S. 1065.

39 In Anlehnung an *Helfert* (2000), S. 68.

Dieser Ansatz zeigt den notwendigen Umfang eines Datenqualitätsmanagements im Unternehmen auf. Für die Erhaltung und Steigerung der Datenqualität in CRM-Systemen sind umfassende Anpassungen in der Ablauf- und Aufbauorganisation durchzuführen. Daneben ist der Einsatz von abgestimmten Standards und Methoden wesentlich.[40] Im Bereich der Leistungserstellung sind diese Veränderungen im Zuge der Implementierung von TQM schon längst Realität. Im Rahmen der Kundenbindungsphilosophie löst das Management der Kundenschnittstelle die Transaktion von physischen Produkten und Services als Priorität ab – insofern wird es höchste Zeit für ein entsprechendes Qualitätsmanagement an dieser Stelle.

---

[40] Eine Anpassung der Aufbauorganisation führt nicht direkt zur Erhaltung und Steigerung der Kundendatenqualität. Sie dient dazu, die Ablauforganisation zu unterstützen (vgl. *Helfert* 2002, S. 68).

Literatur

Bode, J. (1997): Der Informationsbegriff in der Betriebswirtschaftslehre. In: Zeitschrift für betriebswirtschaftliche Forschung, 49. Jg., 5/1997, S. 449-468.

English, L. (1999): Improving Data Warehouse and Business Information Quality, New York.

Garvin, D. (1988): What does „Product Quality" really mean? In: Sloan Management Review, 26. Jg., 1/1988, S. 25-43.

Heinrich, B./Helfert, M. (2003): Nützt Datenqualität wirklich im CRM? Wirkungszusammenhänge und Implikationen. In: Diskussionspapier WI-130 der Universität Augsburg, 5/2003, S. 1-21.

Helfert, M. (2000): Maßnahmen und Konzepte zur Sicherung der Datenqualität. In: *Jung, R./Winter, R.* (Hrsg.): Data Warehousing Strategie – Erfahrungen, Methoden, Visionen, Berlin, S. 61-77.

Helfert, M. (2002): Proaktives Datenqualitätsmanagement in Data-Warehouse-Systemen – Qualitätsplanung und Qualitätslenkung, Berlin.

Hinrichs, H. (2002): Datenqualitätsmanagement in Data Warehouse-Systemen, Oldenburg.

Hippner, H./Rentzmann, R./Wilde, K. (2004): CRM aus Kundensicht – Eine empirische Untersuchung. In: *Hippner, H./Wilde, K.* (Hrsg.): Grundlagen des CRM – Konzepte und Gestaltung, Wiesbaden, S. 135-163.

Khalil, O./Harcar, T. (1999): Relationship Marketing and Data Quality Management. In: SAM Advanced Management Journal, 64. Jg., 2/1999, S. 26-33

Link, J./Hildebrand, V. (1995): Wettbewerbsvorteile durch kundenorientierte Informationssysteme. In: *Link, J./Hildebrand, V.* (Hrsg.): EDV-gestütztes Marketing im Mittelstand, München, S. 1-21.

Meffert, H. (2000): Marketing – Grundlagen marktorientierter Unternehmensführung – Konzepte, Instrumente, Praxisbeispiele, 9. Aufl., Wiesbaden.

o.V. (1995a): DIN 55 350, Deutsches Institut für Normung e.V.

o.V. (1995b): DIN, Deutsches Institut für Normung e.V., S. 244-246.

Redman, T. (1996): Data Quality for the Information Age, Norwood.

Wand, Y./Wang, R. (1996): Anchoring Data Quality Dimensions in Ontological Foundations. In: Communications of the ACM, 39. Jg., 11/1996, S. 86-95.

Wang, R. (1998): A Product Perspective on Total Data Quality Management. In: Communications of the ACM, 41. Jg., 2/1998, S. 59-65.

Wang, R./Strong, D. (1996): Beyond Accuracy: What Data Quality Means to Data Consumers. In: Journal of Management Information Systems, 12. Jg., 4/1996, S. 5-33.

Operationalisierung und Messung von Kundenzufriedenheit

Gerd Nufer/Kornelius Prell/Carsten Rennhak

Einleitung

Unternehmen können sich eine fehlende Kundenorientierung nicht zuletzt aufgrund der stetigen Globalisierung nicht mehr leisten. Ein stabiler Kundenstamm gewinnt vor diesem Hintergrund zunehmend an Bedeutung, da sich der Wettbewerb verschärft, die Märkte heterogener werden und das Anspruchsdenken der Kunden steigt.[1] Zur Erhöhung der Wettbewerbsfähigkeit werden Konzepte wie Total Quality Management, Lean Management oder Prozessmanagement genutzt. Für den langfristigen Erfolg ist jedoch eine hohe Kundenzufriedenheit essenziell.[2]

Ein Unternehmens- oder Markenwechsel bedeutet kein Risiko für den Kunden und ist ohne großen Aufwand möglich.[3] Zusätzlich werden die Kunden durch das Marketing des Wettbewerbs ständig zum Wechsel animiert. Dementgegen steht die Aussage, dass zufriedene Kunden mit höherer Wahrscheinlichkeit einem Unternehmen treu bleiben und sie damit aus finanzieller Perspektive interessant werden lässt.[4] Treue Kunden bieten einige Vorteile: Sie benötigen z. B. weniger Marketing-Aufwendungen, neigen zum Wiederkauf, empfehlen das Unternehmen weiter und sind bereit, höhere Preise zu bezahlen.[5] „Ein hohes Maß an Kundenzufriedenheit führt zu Loyalität und einer quantitativen und vor allem qualitativen Verbesserung des Marktanteils. Ergebnis ist eine langfristige und kontinuierliche Verbesserung der Unternehmenserfolge."[6]

---

[1]   Vgl. *Scharnbacher/Kiefer* (2003), S. 1.

[2]   Vgl. *Schölzel* (2007), S. 1.

[3]   Vgl. *Scharnbacher/Kiefer* (2003), S. 1.

[4]   Vgl. *Hill et al.* (2002), S. 4f.

[5]   Vgl. *Hill et al* (2002), S. 2f.

[6]   *Hinterhuber et al.* (2003), S. 2.

In der Forschung wird das Thema kontrovers diskutiert, es herrschen verschiedene Ansichten zur richtigen Definition des Begriffs. Einige dieser Konzeptionen konnten sich etablieren[7] und sind damit Gegenstand der folgenden Betrachtungen. Das Ziel dieses Beitrags ist es, einen breiten Einblick in das theoretische Konstrukt Kundenzufriedenheit zu geben. Hierbei wird der Fokus auf die Messbarmachung gelegt, und es werden Methoden zur Messung analysiert. Abschließend erfolgt eine kritische Würdigung der Messgröße im Hinblick auf seine Relevanz im unternehmerischen Umfeld.

Das theoretische Konstrukt Kundenzufriedenheit

Bevor die Ansätze zur Messung von Kundenzufriedenheit verfolgt werden können, muss zuerst geklärt werden, wie Zufriedenheit beim Kunden entsteht und wie sie sich manifestiert. Im Folgenden wird daher zuerst der Begriff definiert und anschließend seine Bedeutung im Unternehmensumfeld näher dargestellt.

Zufriedenheit ist ein subjektives Empfinden des Kunden und zählt damit zu den psychologischen Phänomenen.[8] Die gesammelten Erfahrungen mit einem Produkt spiegeln sich im Nachkaufverhalten wider.[9] Diese transaktionsspezifische Zufriedenheit[10] stellt damit eine emotionale Reaktion auf die unternehmerische Leistung dar.[11]

Die Definition von Kundenzufriedenheit wird in der Literatur kontrovers diskutiert.[12] Die breiteste Akzeptanz findet das Confirmation/Disconfirmation(C/D)-Paradigma, das durch viele empirische Studien Bestätigung findet.[13] Zufriedenheit manifestiert sich demnach als Resultat eines

---

7   Vgl. *Faullant* (2007), S. 1.

8   Vgl. *Scharnbacher/Kiefer* (2003), S. 5.

9   Vgl. *Faullant* (2007), S. 15.

10 Vgl. *Faullant* (2007), S. 15; *Homburg* (2006), S. 44.

11 Vgl. *Scharnbacher/Kiefer* (2003), S. 5.

12 Vgl. *Faullant* (2007), S. 15.

13 Vgl. *Buhl et al.* (2007), S. 881; *Kaiser* (2005), S. 47; *Scharnbacher/Kiefer* (2003), S. 6; *Schölzel* (2007), S. 3.

psychischen Vergleichs des Kunden zwischen der tatsächlichen Leistung (Ist-Leistung) eines Produktes bzw. einer Dienstleistung und einem erwarteten Wert (Soll-Leistung).[14] *Faullant* (2007) hebt hervor, dass dieser Prozess nicht ausschließlich unter rationalen Kriterien erfolgt. Einen wesentlichen Anteil haben die affektiven und emotionalen Einflüsse, die auf das Resultat einwirken.[15]

Dieser Beitrag konzentriert sich auf das C/D-Paradigma, da die Allgemeingültigkeit gewahrt wird, während die anderen Modelle Spezialisierungen darstellen. Es ist anzumerken, dass die Kundenzufriedenheit oft mit dem Qualitätsbegriff in Verbindung gebracht wird. Es muss das richtige Qualitäts-Preis-Verhältnis gefunden werden, um den optimal wahrgenommenen Kundenwert zu treffen.[16] Weiterhin ist die kundenspezifische Wahrnehmung von Qualität entscheidend, um die Wirkungsbeziehung zur Kundenzufriedenheit zu beschreiben.[17]

Der Kunde stellt individuelle Erwartungen an ein Produkt bzw. eine Dienstleistung, womit er implizit einen Vergleichsstandard festlegt, der sowohl subjektive als auch objektive Kriterien einschließt.[18] Diese Ansicht der Soll-Leistung wird durch bestehende Konsumerfahrungen, Kenntnis über alternative Produkte, Mund-zu-Mund-Kommunikation und das Kommunikationsverhalten des Herstellers beeinflusst.[19] Zudem wird das erwartete Leistungsniveau von den Wertvorstellungen und Idealen der Kunden geprägt.[20] Es lassen sich verschiedene Ausprägungsgrade für Erwartungen finden, die als realistische Erwartung, dem Idealen, einer tolerierbaren Leistung, dem Angemessenen und einer erfah-

---

14 Vgl. *Festge* (2006), S. 11; *Faullant* (2007), S. 17; *Meffert/Bruhn* (2009), S. 92.

15 Vgl. *Faullant* (2007), S. 17; *Homburg* (2006), S. 23. Zur Vollständigkeit sind hier als alternative Theorien die Assimilations-, Kontrast-, Assimilations-Kontrast-, Attributs- und Equity-Theorie genannt (vgl. *Festge* 2006, S. 11).

16 Vgl. *Scharnbacher/Kiefer* (2003), S. 13.

17 Vgl. *Scharnbacher/Kiefer* (2003), S. 13.

18 Vgl. *Festge* (2006), S. 12.

19 Vgl. *Kaiser* (2005), S. 50.

20 Vgl. *Hölzing* (2008), S. 24.

rungsgestützten Erwartung abgegrenzt werden können.[21] Damit stellen sich die Kundenerwartungen meist als komplex und umfangreich dar, was die Erfüllung für Unternehmen oftmals schwierig gestaltet.[22] Dieselbe Leistung wird von verschiedenen Kunden unterschiedlich und individuell wahrgenommen,[23] was die Komplexität zusätzlich erhöht.

Die Ist-Leistung wird sowohl unter objektiven als auch subjektiven Gesichtspunkten bewertet. Die tatsächliche, objektive Leistung beschreibt den Teil, der sich für alle Kunden identisch darstellt.[24] Die subjektiv wahrgenommene Leistung wird von verschiedenen sozialpsychologischen Effekten, bestehenden Erfahrungen, Wertevorstellungen und Normen sowie Wünschen eines Käufers beeinflusst.[25] Der Informationsverarbeitungsprozess, mit dem ein Mensch Eindrücke über sich oder seine Umwelt wahrnehmen kann, ist von Subjektivität und Selektivität geprägt.[26] Damit zeigt sich, dass für ein Objekt mehrere wahrgenommene Leistungsniveaus existieren.[27] Es herrscht Einigkeit in der Zufriedenheitsforschung, dass die subjektive Komponente der Ist-Leistung entscheidend ist, d .h. unter Ist-Leistung ist im Allgemeinen die subjektiv wahrgenommene Leistung zu verstehen.[28]

Der Vergleich zwischen der Soll- und Ist-Leistung zeigt ein Verhältnis, das ein Urteil über die Zufriedenheit erlaubt.[29] Dieser Prozess ist damit das bindende Glied, eine zentrale, intervenierende Variable zwischen

---

21 Vgl. *Schölzel* (2007), S. 3; *Scharnbacher/Kiefer* (2003), S. 7; *Kaiser* (2005), S. 51f.

22 Vgl. *Scharnbacher/Kiefer* (2003), S. 7.

23 Vgl. *Festge* (2006), S. 21.

24 Vgl. *Schölzel* (2007), S. 4. In der Automobilbranche sind das z. B. Kennzahlen wie Verbrauch in l/100km, Beschleunigung von 0 auf 100 km/h in s oder Höchstgeschwindigkeit.

25 Vgl. *Kaiser* (2005), S. 56.

26 Vgl. *Festge* (2006), S. 20.

27 Vgl. *Festge* (2006), S. 20f.

28 Vgl. *Festge* (2006), S. 21.

29 Vgl. *Schölzel* (2007), S. 4.

den beiden Komponenten.[30] Das Verfahren führt zu drei möglichen Ergebnissen, die im Folgenden genauer beschrieben werden.

Wenn sich die Kundenerwartungen mit der wahrgenommenen Leistung (Ist-Leistung entspricht der Soll-Erwartung) decken, spricht man von Konfirmation. Der Kunde ist zufrieden. Diese stabilisierende Kundenzufriedenheit ist allerdings nicht optimal, da es einen grundsätzlichen Drang zur Verbesserung eines erreichten Zustandes gibt. Aus Unternehmenssicht ist es daher empfehlenswert, die erwartete Leistung stetig zu erhöhen, bevor es der Wettbewerb tut.[31]

Beim Übertreffen der definierten Erwartungen (Ist-Leistung übersteigt Soll-Erwartung) spricht man von einer positiven Diskonfirmation. Diese resultiert in höherer Zufriedenheit und hat im Gegensatz zur Konfirmation einen progressiven Charakter, da der Kunde dazu verleitet wird, seine Erwartungen an die erhöhte Leistung anzugleichen. Unternehmen sollten daher ihre Zielvorgaben stetig an das gestiegene Erwartungsniveau anpassen.[32]

Wenn Unternehmen unzureichende Leistung anbieten oder der Kunde zu viel von einem Produkt erwartet, die definierten Erwartungen also nicht erfüllt werden (Ist-Leistung unterschreitet Soll-Erwartung), spricht man von einer negativen Diskonfirmation. Es entsteht Kundenunzufriedenheit. Unternehmen können in dieser Situation mit geeigneten Maßnahmen dafür sorgen, dass der Kunde seine Erwartungen reduziert oder Nachbesserungen akzeptiert, um einen Kundenverlust zu vermeiden.[33]

Wie oben bereits dargestellt, bieten treue Kunden einige Vorteile für Unternehmen. Die Investition in Kundenbindung lohnt sich gerade bei Großkunden, da die Neukundengewinnung dort mit hohen Barrieren verbunden ist.[34] Wenn die Kundenzufriedenheit der Weg zur Kundenloyalität bzw. -bindung ist, dann sollte sie im Fokus der Unterneh-

---

30 Vgl. *Faullant* (2007), S. 26.

31 Vgl. *Scharnbacher/Kiefer* (2003), S. 11f.

32 Vgl. *Scharnbacher/Kiefer* (2003), S. 10.

33 Vgl. *Scharnbacher/Kiefer* (2003), S. 13.

34 Vgl. *Mader et al.* (2003), S. 1.

mensziele stehen. *Töpfer* (2009) hebt die Wichtigkeit der Kundenzufriedenheit im Kontext der Kundenbindung hervor und nennt sie explizit
als zwingende Voraussetzung. Fehlende Zufriedenheit löst beim Kunden
die Suche nach Alternativprodukten aus, was zur Wechselbereitschaft
führen kann.[35] *Hinterhuber et al.* (2003) führen an, dass die Kundenzufriedenheit es Unternehmen erleichtert, ihre Kernkompetenzen besser
auszuschöpfen und das bestehende Cross-Selling-Potenzial zu nutzen.
Sie sorgt für eine höhere Wiederkaufsrate, beeinflusst also zukünftige
Entscheidungen und steigert damit den Umsatz bei niedrigen Werbeaus-
gaben. Der Kunde ist gegen Preiserhöhungen unempfindlicher, eine
hohe Kundenzufriedenheit wirkt hier als Schutz. Insgesamt wird der
Cashflow positiv beeinflusst, der Unternehmenswert kann nachhaltig
gesteigert werden.[36] Kundenzufriedenheit hat positive Auswirkungen auf
die finanzielle Leistung eines Unternehmens, sowohl auf interne als
auch auf externe Größen, wie z. B. Nettogewinn oder Aktienkurs.[37] Nach
Hill et al. (2002) fokussiert die Philosophie des ISO 9001:2000 Standards die Bedeutung des Kunden und die Fähigkeiten eines Unternehmens, dessen Bedürfnisse zu erfüllen. Unternehmen werden angehalten, Prozesse zu gestalten, die die Kundenanforderungen analysieren, und diese im Rahmen von Qualitätsmanagementsystemen stetig
zu verbessern, um Kundenzufriedenheit sicherzustellen.[38]

Insgesamt zeigt sich Kundenzufriedenheit als wichtiges Ziel bei der
strategischen Ausrichtung von Unternehmen. Es ist eine konsequente
Kundenorientierung notwendig, um dieses Ziel zu erreichen und gegenüber dem Wettbewerb bestehen zu können.[39]

Kundenzufriedenheitsmessung

Nachdem der Begriff der Kundenzufriedenheit definiert und die Rolle im
unternehmerischen Umfeld hervorgehoben wurde, konzentriert sich der

---

35 Vgl. *Töpfer* (2009), S. 1.

36 Vgl. *Hinterhuber et al.* (2003), S. 9ff.

37 Vgl. *Yeung/Ennew* (2000), S. 322.

38 Vgl. *Hill et al.* (2002), S. 12f.

39 Vgl. *Töpfer* (2009), S. 9.

folgende Abschnitt auf die Messung der Zufriedenheit, um einen Rückschluss auf die Unternehmensleistung zu ermöglichen. Dazu wird zuerst die allgemeine Zielsetzung der Messsysteme beschrieben, dann ein Überblick über verschiedene Messmethoden dargestellt.

Nur durch die Messung von Kundenzufriedenheit kann man das notwendige Verständnis von Kundenbedürfnissen entwickeln, um das Unternehmen so zu organisieren, dass die Anforderungen erfüllt und die benötigten Verbesserungen durchgeführt werden.[40] Leistungsmessung ist notwendig, um Informationen zu liefern, die als Grundlage für Entscheidungsträger herangezogen werden können. Die notwendige Voraussetzung für die Möglichkeit zur effizienten Steuerung eines Geschäftsbetriebs sind demnach Messsysteme.[41] Die Messungen sollten dabei stetig erfolgen, sodass Kundenzufriedenheit als strategisches Ziel durchgesetzt werden kann.[42] Die Messung kann z. B. dabei helfen[43],

- Missverständnisse beim Erfassen der Kundenbedürfnisse durch die eigenen Mitarbeiter aufzudecken,

- Auswirkungen der Kundenzufriedenheit auf interne und externe Faktoren (Umsatz, Wiederkaufsrate etc.) zu ermitteln,

- Ursachen für Unzufriedenheit zu identifizieren, damit verborgenes Verbesserungspotenzial aufzudecken und resultierende Maßnahmen sinnvoll zu priorisieren,

- Stakeholdern verlässliche Informationen zu den Perspektiven ihrer Investitionen mitzuteilen,

- Führungskräften die Entscheidungen auf einer soliden Informationsbasis zu ermöglichen,

- Vergleichbarkeit zum Wettbewerb herzustellen.

---

40 Vgl. *Hill et al.* (2002), S. 8.
41 Vgl. *Töpfer* (2009), S. 2.
42 Vgl. *Scharnbacher/Kiefer* (2003), S. 18.
43 Vgl. *Hill et al.* (2002); *Schölzel* (2007), S. 20; *Hackl/Westlund* (2000), S. 1; *Scharnbacher/Kiefer* (2003), S. 18.

Ein gutes Messsystem alleine gibt keine Garantie für eine hohe Kundenzufriedenheit. Entscheidend sind die Maßnahmen, die aus den gewon-
nenen Informationen resultieren. Ein Messsystem ist demnach nur der
erste Schritt zur Erhöhung der Kundenzufriedenheit und damit der Stabilisierung des Geschäftserfolgs.[44]

Die Messung von Kundenzufriedenheit birgt einige Herausforderungen.
McColl-Kennedy/Schneider (2000) heben die Wichtigkeit der Effizienz
von Messsystemen im Unternehmenskontext hervor. Falls die Kosten für
die Einführung und den Betrieb von Messprozessen den Nutzen der
Systeme übersteigen, ist der Sinn des Vorgehens fragwürdig. Die Kosten sowie der Nutzen lassen sich allerdings nur schwer ermitteln, da
z. B. keine lineare Beziehung zwischen der Informationsmenge und der
Qualität der getroffenen Entscheidungen besteht.[45] Eine weitere Problematik ist die Aktualität der gemessenen Daten. Falls die Ergebnisse auf
Werten beruhen, die weit in der Vergangenheit liegen, so lassen sich
u. U. keine aktuellen Maßnahmen davon ableiten.[46] Diese Menge an
Faktoren gilt es, bei der situativen Wahl eines Messverfahrens zu
berücksichtigen.

Zur Messung von Kundenzufriedenheit existieren eine Vielzahl verschiedener Verfahren. Es lassen sich zunächst objektive von subjektiven
Verfahren unterscheiden.

Die Messung von Kundenzufriedenheit mit objektiven Verfahren beruht
auf Indikatoren, die eine möglichst hohe Korrelation zur Zufriedenheit
aufweisen und keinen subjektiven Wahrnehmungsverzerrungen unterliegen.[47] Kundenmeinungen werden nicht berücksichtigt, die Methoden
konzentrieren sich auf die Analyse von Kennzahlen, wie in den folgenden Beschreibungen deutlich wird.[48]

---

44   Vgl. *Hill et al.* (2002), S. 6.
45   Vgl. *McColl-Kennedy/Schneider* (2000), S. 889.
46   Vgl. *Park/Gates* (2009), S. 1387f.
47   Vgl. *Hinterhuber/Matzler* (2006), S. 243.
48   Vgl. *Schölzel* (2007), S. 21f.

Wenn Kundenzufriedenheit den Unternehmenswert steigert, lässt sich daraus ableiten, dass Kennzahlen wie Umsatz, Gewinn, Marktanteil, Wiederkaufs- oder Abwanderungsrate einen Rückschluss auf die Kundenzufriedenheit geben.[49] Allerdings zeigen sich diese Indikatoren erst mit einer zeitlichen Verzögerung und helfen nicht dabei, Verbesserungspotenzial aufzudecken.[50] Diese Messgrößen können zudem von verschiedenen Faktoren beeinflusst werden, wie z. B. Konjunktur, staatliche Subventionen, Wechselkurse und Wettbewerbsaktivitäten.[51]

Im Rahmen der nicht-teilnehmenden Beobachtung wird ein Dienstleistungsprozess von einer unabhängigen Person beobachtet (z. B. per Videokamera) und anschließend bewertet. Die Qualität der Ergebnisse unterliegen der Wahrnehmung des Beobachters, dem der vollständige Einblick in die Psyche des Kunden verwehrt bleibt.[52]

Beim Silent Shopping oder Mystery Shopping (teilnehmende Beobachtung) tritt eine Testperson als Dienstleistungskunde auf und versucht, die Mängel im Dienstleistungsprozess aufzuspüren.[53] Durch den Simulationscharakter ist dieses Verfahren eher ungeeignet für eine valide Messung, kann aber zur Sensibilisierung der Mitarbeiter dienen.[54]

Wie oben hervorgehoben, ist das subjektive Empfinden der Kunden bedeutsam, daher haben die subjektiven Verfahren in der Praxis höhere Relevanz. Im Gegensatz zu den objektiven Verfahren „stellen die subjektiven Messansätze die interindividuelle leistungsspezifische Wahrnehmung des Kunden in den Mittelpunkt ihrer Betrachtungsweise"[55]. Eine weitere Unterteilung ergibt sich anhand der Art des Untersuchungsobjektes wie folgt:[56]

---

49 Vgl. *Schneider/Kommeier* (2006), S. 48.

50 Vgl. *Scharnbacher/Kiefer* (2003), S. 19.

51 Vgl. *Beutin* (2008), S. 124ff.

52 Vgl. *Schölzel* (2007), S. 22f.

53 Vgl. *Schneider/Kommeier* (2006), S. 51.

54 Vgl. *Schölzel* (2007), S. 23.

55 *Kaiser* (2005), S. 127.

56 Vgl. *Töpfer* (2008), S. 312.

Bei den ereignisorientierten Verfahren werden alle Kontaktpunkte eines Kunden mit einem Unternehmen, die bei der Nutzung von Produkten oder Dienstleistungen entstehen, als Erlebnisse zur Ermittlung der Kundenzufriedenheit als relevant angesehen. Eine vollständige Kontaktpunktanalyse besteht aus mehreren Stufen zur Analyse der Kontaktpunkte, Erfassung der Kundenerlebnisse und Kategorisierung nach Relevanz und Häufigkeit. Für jede dieser Stufen existieren verschiedene Analyseverfahren wie z. B. Blueprinting und CIT.[57]

Im Rahmen der problemorientierten Verfahren werden die Ergebnisse der ereignisorientierten Verfahren genutzt, um besonders negative Erfahrungen detaillierter zu analysieren und daraus die wichtigsten Ansatzpunkte für Maßnahmen abzuleiten. Zum Einsatz kommen hier z. B. Methoden wie Frequenz-Relevanz-Analyse von Problemen (FRAP) oder Beschwerden (FRAB).[58]

Bei den merkmalsorientierten Verfahren wird angenommen, dass sich eine subjektive Bewertung der einzelnen Merkmale einer angebotenen Leistung zu der wahrgenommenen Servicequalität kumuliert.[59] Damit werden die Gesamtheit der Produkt-, Service- oder Interaktionsmerkmale, die eine Relevanz für den Kunden haben, zum Bestandteil der Messung.[60]

Am wichtigsten sind hier wohl die merkmalsorientierten Verfahren als Vertreter des multiattributiven Modells.[61] Hierbei lassen sich indirekte, implizite Messungen, anhand von angemessenen Indikatoren, von expliziten Messungen durch direkte Befragung der Kunden unterscheiden.[62]

Nach *Hinterhuber/Matzler* (2006) lassen der Kundenkontakt von Mitarbeitern oder Absatzmittlern sowie die Analyse von Beschwerden implizit Rückschlüsse auf die Kundenzufriedenheit zu. Die Vollständigkeit der

---

57 Vgl. *Töpfer* (2008), S. 313ff.

58 Vgl. *Schölzel* (2007), S. 27.

59 Vgl. *Töpfer* (2008), S. 319.

60 Vgl. *Schölzel* (2007), S. 30.

61 Vgl. *Kaiser* (2005), S. 127.

62 Vgl. *Töpfer* (2008), S. 319.

Messung hängt allerdings vom Beschwerdeverhalten der Kunden ab, was als Nachteil gewertet wird.[63] Der indirekte Charakter dieser Verfahren wird den Anforderungen einer validen Messung nicht gerecht, was den Fokus auf die expliziten Verfahren legt.[64]

Bei den expliziten Verfahren wird der Kunde direkt befragt und das Ergebnis in einer Skala eingeordnet. Eindimensionale Verfahren, die nur mithilfe eines einzigen Indikators messen, sind aufgrund der Mängel in Reliabilität und Validität zu vernachlässigen.[65] Innerhalb der mehrdimensionalen (oder multiattributiven) Verfahren wurden in den letzten Jahren viele Modelle für die Messung der Dienstleistungs- und Servicequalität entwickelt, wie z. B. SERVQUAL, SERVPERF und SERVIMPERF.[66]

Fazit

Neben der bisher überwiegend positiven Einstellung zur Messung von Kundenzufriedenheit existieren auch kritische Meinungen. Es wird angeführt, dass die Wahl der Zufriedenheit als Messgröße eher auf einer intuitiven Entscheidung basiert als auf einer wirklichen Wertbetrachtung.[67] *Swaddling/Miller* (2002) heben hervor, dass herstellende Unternehmen Kundenanforderungen an funktionale Bedingungen, wie z. B. Toleranzparameter oder Defektauftreten, gebunden haben, was dem irrationalen Entscheidungsprozess von Kunden widerspricht. Eine andere Perspektive zeigt sich, wenn sich eine Bewertung auf den Zielmarkt und die Gesamtheit der Alternativprodukte zentriert. Dadurch rückt der Kundennutzen in den Vordergrund und die Betrachtung ist nicht auf den Kunden limitiert, sondern wird auf den Kontext der Marktsituation erweitert.[68]

---

63 Vgl. *Hinterhuber/Matzler* (2006), S. 243.

64 Vgl. *Töpfer* (2008), S. 319.

65 Vgl. *Schölzel* (2007), S. 33.

66 Vgl. *Töpfer* (2008), S. 320.

67 Vgl. *Fleming/Asplund* (2007), S. 1f.

68 Vgl. *Swaddling/Miller* (2002), S. 1f.

Fleming/Asplund (2007) betonen die emotionale Zufriedenstellung als Entscheidungsfaktor, da ein Kunde aus dieser die Vorteile eines Produktes definiert und daraus wiederum der wahre Nutzen für ein Unternehmen resultiert. Ein Kunde, der lediglich rational befriedigt ist, wird als zufrieden bewertet, zeigt aber keine emotionale Verbindung zu einem Unternehmen und damit auch nicht die Vorteile einer starken Kundenbindung.[69] Grundsätzlich sollte Kundenzufriedenheit auch nicht überbewertet werden. Das Ziel ist Umsatzwachstum, die direkte Abhängigkeit zur Kundenzufriedenheit wird nicht von jeder Fallstudie bestätigt. Vielmehr ist eine Kombination aus Zufriedenheit und emotionaler Verbundenheit zu einem Unternehmen notwendig.[70]

Die theoretische Erfassung des Begriffs Kundenzufriedenheit zeigt sich als komplexer und kontrovers diskutierter Vorgang. Es existieren verschiedene Meinungen, die je nach Kontext Spezialisierungen formen. Der gemeinsame Nenner zeigt sich im C/D-Paradigma. Kundenzufriedenheit als strategische Zielsetzung offenbart sich als bedeutsame Größe für einen nachhaltigen Geschäftserfolg und als wichtiger Schritt zur Kundenbindung. Die Kategorien zur Messung zeigen sich ebenso zahlreich wie die Messverfahren selbst. Dabei besitzen die subjektiven, multiattributiven, merkmalsorientierten Verfahren die höchste Relevanz in der bestehenden Literatur. Die Ausführungen sind überwiegend theoretischer Natur. Für den praktischen Einsatz von Messverfahren ist die Effizienz von großer Bedeutung. Dabei können IT-Systeme helfen, wie z. B von *Hsieh et al.* (2007) und *Park/Gates* (2009) beschrieben. Nicht zu vernachlässigen sind die kritischen Stimmen zur Kundenzufriedenheit, die ihren Ursprung in dem Gedanken haben, dass ein Unternehmen sich keine falschen Messgrößen in einem hart umkämpften Markt leisten kann.[71] Nationale Kundenzufriedenheitsindizes (CSI) sind ein Themenbereich, der nur tangiert wurde. Dazu bieten *Töpfer* (2008) und *Töpfer* (2009) vertiefende Erkenntnisse.

---

69 Vgl. *Fleming/Asplund* (2007), S. 2f.

70 Vgl. *Smith* (2005), S. 2f.

71 Vgl. *Smith* (2005), S. 4.

Literatur

Beutin, N. (2008): Verfahren zur Messung der Kundenzufriedenheit im Überblick. In: *Homburg, C.* (Hrsg.): Kundenzufriedenheit, Wiesbaden, S. 121-170.

Buhl, H. U./Kundisch, D./Renz, A./Schackmann, N. (2007): Spezifizierung des Kano-Modells zur Messung von Kundenzufriedenheit. In: *Obweweis, A./Weinhardt, C./Gimpel, H./Koschmider, A./Pankratius, V./Schnizler, B.* (Hrsg.): Wirtschaftsinformatik 2007 – eOrganisation: Service-, Prozess-, Market-Engineering, Karlsruhe, S. 879-896.

Chow, C. S./Zhang, L. L. (2008): Measuring Consumer Satisfaction and Dissatisfaction Intensities to Identify Satisfiers and Dissatisfiers. In: Journal of Consumer Satisfaction, Dissatisfaction and Complaining Behavior, Vol. 1, S. 66-79.

Faullant, R. (2007): Psychologische Determinanten der Kundenzufriedenheit: Der Einfluss von Emotionen und Persönlichkeit, Wiesbaden.

Festge, F. (2006): Kundenzufriedenheit und Kundenbindung im Investitionsgüterbereich: Ermittlung zentraler Einflussfaktoren, Wiesbaden.

Fleming, J. H./Asplund, J. (2007): Customer Satisfaction: A Flawed Measure. In: Gallup Management Journal, gmj.gallup.com.

Hackl, P./Westlund, A. H. (2000): On structural equation modelling for customer satisfaction measurement. In: Total Quality Management, Heft 4-6, S. 820-825.

Hill, N./Self, B./Roche, G. (2002): Customer Satisfaction Measurement for ISO 9000:2000, Oxford.

Hinterhuber, H. H./Handlbauer, G./Matzler, K. (2003). Kundenzufriedenheit durch Kernkompetenzen: Eigene Potenziale erkennen, entwickeln, umsetzen, 2. Aufl., Wiesbaden.

Hinterhuber, H. H./Matzler, K. (2006): Kundenorientierte Unternehmensführung. Kundenorientierung – Kundenzufriedenheit – Kundenbindung, 4. Aufl., Wiesbaden.

Hölzing, J. A. (2008): Die Kano-Theorie der Kundenzufriedenheitsmessung: Eine theoretische und empirische Überprüfung, Wiesbaden.

Homburg, C. (2006): Kundenzufriedenheit. Konzepte – Methoden – Erfahrungen, 6. Aufl., Wiesbaden.

Hsieh, Y.-H./Lin, C. J./Chen, J. C. (2007): Customer satisfaction measurement with neural network. In: Human Systems Management, Vol. 1, S. 47-52.

Kaiser, M.-O. (2005): Erfolgsfaktor Kundenzufriedenheit: Dimensionen und Messmöglichkeiten, 2. Aufl., Berlin.

Mader, M./Neckermann, S./Elfroth, A. (2003): Key-Account-Management: Messverfahren fördert Kundenzufriedenheit, www.absatzwirtschaft.de.

McColl-Kennedy, J./Schneider, U. (2000): Measuring Customer Satisfaction: why, what and how. In: Total Quality Management, Heft 7, S. 883-896.

Meffert, H. / Bruhn, M. (2009): Dienstleistungsmarketing: Grundlagen – Konzepte – Methoden, 6. Aufl., Wiesbaden.

Nufer, G. (2006): Event-Marketing und Kundenbindung – Fallstudie adidas. In: *Rennhak, C.* (Hrsg.): Herausforderung Kundenbindung, Wiesbaden, S. 221-247.

Nufer, G./Kelm, D. (2011): Cross Selling Management. In: *Rennhak, C./Nufer, G.* (Hrsg): Reutlinger Diskussionsbeitrag zu Marketing & Management 2011 – 5, ESB Business School, Reutlingen University.

Park, Y./Gates, S. C. (2009): Towards real-time measurement of customer satisfaction using automatically generated call transcripts. In: Proceeding of the 18th ACM conference on Information and knowledge management, S. 1387-1396, New York.

Scharnbacher, K./Kiefer, G. (2003): Kundenzufriedenheit: Analyse, Meßbarkeit und Zertifizierung, 3. Aufl., München.

Schneider, W./Kornmeier, M. (2006): Kundenzufriedenheit: Konzept, Messung, Management, Bern.

Schölzel, M. (2007): Kundenzufriedenheit als zentraler Erfolgsfaktor des Unternehmens, Diplomarbeit, Hochschule für Wirtschaft und Umwelt Nürtingen-Geislingen.

Smith, B. (2005): Customer Satisfaction Is the Wrong Measure. In: Gallup Management Journal, http://gmj.gallup.com.

Swaddling, D. C./Miller, C. (2002): Don't Measure Customer Satisfaction. In: Quality Progress, Vol. 5, S. 62-67.

Töpfer, A. (2008): Konzeptionelle Grundlagen und Messkonzepte für den Kundenzufriedenheitsindex (KZI/CSI) und den Kundenbindungsindex (KBI/CRI). In: *Töpfer, A.* (Hrsg.): Handbuch Kundenmanagement: Anforderungen, Prozesse, Zufriedenheit, Bindung und Wert von Kunden, 3. Aufl., Berlin, S. 309-382.

Töpfer, A. (2009): Fünf Anforderungen zur Kundenzufriedenheitsmessung: Kundenzufriedenheit gezielt erfassen und steigern, Fakultät Wirtschaftswissenschaften, Forschungsgruppe Marktorientierte Unternehmensführung, TU Dresden.

Yeung, M. C./Ennew, C. T. (2000): From customer satisfaction to profitability. In: Journal of Strategic Marketing, Vol. 4, S. 313-326.

Kundenbindungsstrategien für Banken

Carsten Rennhak

Bankleistungen sind schwer differenzierbar. Banken und Sparkassen haben deshalb bei ihren Low-Involvement-Produkten Schwierigkeiten, tatsächlich bindende Vorteile zu vermitteln. Onlineaffine und informierte Zielgruppen verhalten sich zusehends hybrid. Speziell bei Produkten, die aufgrund von Automatisierung und dem Einsatz neuer Kommunikationstechnologien von zunehmender Entpersonalisierung gekennzeichnet sind, ist Kundenbindung ein zentrales Ziel der Marketingaktivitäten. Es verwundert daher nicht, dass die ca. 1.000 Institute, die seit 2004 periodisch von der ESB Business School befragt werden, regelmäßig zu 95 Prozent und mehr die Kundenbindung als wichtigste Marketingaufgabe nennen.

Die zunehmende Fokussierung auf das Thema Kundenbindung ist im Kontext der Gesamtentwicklung zu sehen. Die vormals bürokratischen Strukturen im Banken- und insbesondere im Sparkassenbereich wurden in der Vergangenheit erfolgreich neu gestaltet; die Institute haben inzwischen eine umfassende Produktkompetenz aufgebaut. Im nächsten Schritt wird diese Produktsichtweise durch eine kundenfokussierte Ausrichtung abgelöst. Dazu ist die Optimierung der Vermarktungsfähigkeiten durch verstärkte Nutzung kundengerechter Vertriebswege, bedarfsgerechter Kundensegmentierung und zielgruppenspezifischer Marketingprogramme sowie individualisiertem Service notwendig. Eine auf den Kunden ausgerichtete Strategie und kundenorientierte Mitarbeiterinnen und Mitarbeiter sind Voraussetzungen für eine Qualitätsleistung, die Kunden bindet. Kundenzufriedenheit basiert darauf, wie individuell Produkte maßgeschneidert werden können und wie bequem sie für den einzelnen Kunden erreichbar sind.

Banken und Sparkassen sind zu sogenannten Customer-Management-Organisationen umzubauen, die sich auf die Weiterentwicklung des bestehenden Kundenstammes konzentrieren. Die Hauptherausforderung besteht jetzt darin, ein Maximum des Geschäftsvolumens der jeweiligen Kunden auf das eigene Institut zu vereinen. Mit welchen Produkten dies geschieht, ist zweitrangig. Heute werden die vorhandenen Kundendaten bei den befragten Instituten ganz überwiegend eingesetzt, um Produkte zu verkaufen oder die Performance einzelner Produkte zu analysieren. Künftig werden Kundeninformationssysteme und Data Mining dazu verwendet, die Kundenbetreuung zu optimieren und ein umfassendes Verständnis des Kunden und seiner Bedürfnisse zu gewinnen. Wichtig ist hier neben Erfassung und Auswertung auch die zeitnahe Verfügbarkeit der Kundeninformation an der Kundenschnittstelle. Dies ist Grundlage für die individuelle Ansprache und Betreuung des Kundenstammes und ein gezieltes Cross- und Up-Selling. Die Erfahrung zeigt, dass die Banken und Sparkassen besonders erfolgreich sind, die integrierte Kundeninformationssysteme und Data Mining professionell einsetzen und ihre Ressourcen gezielt und beständig auf die Pflege des Kundenstammes ausrichten.

Alle Retailbanken verfügen über Kerninformationen zu ihren Kunden wie Konten, Kreditlinien, Darlehen und Produktnutzung. Die meisten erstellen auch mehr oder weniger detaillierte Kundenprofile. Die Mitarbeiterinnen und Mitarbeiter an der Kundenschnittstelle verfügen aber oft nicht über umfassende und integrierte Kundeninformationen in Echtzeit. Darüber hinaus fehlen Informationen zu Kundenbedürfnissen:

- Wie zufrieden sind die Kunden mit Produkten und Service?

- Welche Vertriebskanäle nutzen die Kunden?

- Wie reagieren die Kunden auf Marketing- und Vertriebsmaßnahmen?

- An welchen Produkten sind die Kunden zusätzlich interessiert?

- Welche Produkte nutzen die Kunden über Wettbewerber?

Nur wenn Banken und Sparkassen wissen, was ihre Kunden wünschen, sind sie auch in der Lage, die Kundenbindung zu steigern.

Erst wenn diese kritischen Voraussetzungen erfüllt sind, sollten Banken und Sparkassen die operative Ausgestaltung des Kundenbindungsinstrumentariums in Angriff nehmen. Hier zeigt sich im Zeitvergleich, dass die Retailbanken immer professioneller agieren: Sie setzen verstärkt auf Kundenevents, Differenzierung im Service und bei Preisen sowie Direktmarketing, während „Klassiker" wie Kundenclubs oder Kundenzeitschriften rückläufig sind.

Der früher weit verbreitete Glaube, allein die Einführung von CRM-Systemen löse alle Probleme, hat sich als irrig erwiesen. Entscheidend ist hier, inwieweit die Geschäftsanforderungen bei der Konzeption des Systems berücksichtigt werden und die kundengerichteten Prozesse in der unternehmerischen Realität implementiert sind.

Die Zukunft im Kundenservice wird von zwei wesentlichen Trends geprägt werden: einer höheren Automatisierung durch den Ausbau von Self Services und die Integration von Social Media als Kommunikationskanal. Die neuen, interaktiven und mobilen Kommunikationstechnologien werden verstärkt das Bedürfnis wecken, Serviceleistungen zeitlich unabhängig und selbstständig in Anspruch zu nehmen. Da sich Kunden zunehmend Produkt- und Dienstleistungsinformationen durch interaktive Teilnahme am Serviceprozess oder durch Austausch in sozialen Netzwerken sichern, sollten Banken und Sparkassen auch hier zeitnah eine Präsenz aufbauen.

Social Media – Servicekanal der Zukunft?

Carsten Rennhak

Viele Märkte sind gegenwärtig von einer enormen Dynamik in den Erwartungs- und Bedürfnisstrukturen der Kunden geprägt. Zudem verschärft sich vielfach die Wettbewerbsintensität. Diese Situation stellt Unternehmen vor die Herausforderung, den immer informierter und selektiver agierenden Kunden tatsächliche – und idealerweise auch bindende – Leistungsvorteile zu vermitteln. Die lange etablierten Instrumente des bekannten Marketing-Mixes sind erschöpft, klassische Marketing- und Servicestrategien erreichen die neuen Zielgruppen nicht mehr. Die Generationen Y und Z nutzen die hochflexiblen interaktiven und mobilen Kommunikationstechnologien mit großer Selbstverständlichkeit und fordern eine stark individualisierte und qualitativ hochwertige Betreuung. Kunden aller Altersklassen wollen autonom entscheiden, wo, wann und auf welchen Wegen sie mit Unternehmen in Interaktion treten. Dies wird maßgeblich von den zur Verfügung stehenden Servicekanälen und deren Eigenschaften (z. B. Geschwindigkeit, Bequemlichkeit, Flexibilität und Verfügbarkeit) beeinflusst. Die Kunden werden in ihrem Kommunikationsverhalten immer variabler und heterogener. Gleichzeitig steigt – in scheinbarem Widerspruch dazu – die Preissensitivität der Kunden, was im immer härteren Wettbewerb auch noch den Effizienz- und Kostendruck erhöht. Auf welchen Wegen können Unternehmen mit diesen widerstreitenden Anforderungen an ihren Kundenservice gerecht werden?

Der Trend zur Kommunikation über Social Media ist ungebrochen. Dies betrifft sowohl die Privatsphäre wie auch die Berufswelt. Während Kunden früher in den Shop oder zu einem Händler gegangen sind oder besagte Service-Hotline angerufen haben, um eine Anfrage zu klären, gehen sie heute ins Internet. Die Informationsfülle ist hier unschlagbar groß – kein Unternehmen kann auch nur annähernd so viel Information zur Verfügung stellen wie die Internetgemeinde. Problematisch aus Kundensicht ist allenfalls die Vertrauenswürdigkeit der Informationen. Beim

Gang in den Shop oder zu einem Händler oder beim Anruf im Call Center ist klar, dass Produkte und Dienste aufgrund der Interessenslage des Kommunikationspartners günstig dargestellt werden. Dafür konnte man in den meisten Fällen davon ausgehen, dass der Ansprechpartner zu Produkten und Diensten wirklich kompetent Auskunft geben konnte. In einer immer komplexeren Produkt- und Dienstleistungslandschaft ist selbst das nicht mehr der Fall – man denke z. B. nur an den Support für die 450.000 verfügbaren Apps für das iPhone (Stand Juli 2011). Es existieren bereits zahllose Foren im Internet, in denen sich Interessenten und Kunden austauschen – solche, die das Problem mit der fraglichen App z. B. schon gelöst haben. In vielen Foren werden Vor- und Nachteile von Produkten und Diensten diskutiert. Spezielle Plattformen wie gutefrage.net haben sich auf Wissensaustausch spezialisiert. Wie vertrauenswürdig ist die Information, die Kunden im Internet finden? Sind diese Informationen wirklich objektiv, oder spielen auch hier Partikularinteressen eine wichtige Rolle?

Unternehmen verfolgen genau, was anonyme Kommentatoren über ihre Produkte und Dienste schreiben. Dies macht auch Sinn. Diese Informationen ersetzen zumindest teilweise kostspielige Marktforschung. Kundenfeedback wird über Plattformen und Social Media generiert und lässt sich hervorragend zur Produkt- und Serviceoptimierung nutzen. Mehr noch: Unternehmen müssen Bescheid wissen, wenn (und weshalb) ihre Kunden unzufrieden sind. Unzufriedene Kunden artikulieren sich heute nicht mehr über den Gartenzaun hinweg, sondern in sozialen Netzwerken. Diese neue Form der Mund-zu-Mund-Propaganda erreicht schnell eine Vielzahl potenzieller Kunden. Kunden äußern sich, egal ob dies Unternehmen gefällt oder nicht. Kommunikativ dagegen anzugehen macht keinen Sinn, da der Kampf gegen die Internetgemeinde ohnehin aussichtslos ist, wie die jüngsten Plagiatsfälle in der deutschen Politik oder auch das Beispiel „United breaks guitars" mit über 10 Millionen Aufrufen bei YouTube zeigen. Unternehmen sind hingegen gut beraten, wenn sie Kunden eigene Plattformen bieten, um sich – auch durchaus kritisch – zu äußern. Dazu gehören sicherlich Mut und Souveränität; die Alternative wäre allerdings nicht, dass Kunden sich nicht äußern, sondern dass sie sich andere Plattformen suchen, die für die Unternehmen weniger transparent sind. Unternehmen können hier zudem den Selbstreinigungsmechanismen im Internet vertrauen: Notorische Schwarz-maler und Nörgler, die nur polemisieren, werden von der kritischen Internetgemeinde abgestraft.

In einem nächsten Schritt können Unternehmen versuchen, sich die Kontrolle im Bereich Kundenservice ein Stück weit zurückzuholen. Einige Unternehmen spannen dafür erfolgreich ihre eigenen Kunden ein. Die Gründe dafür sind simpel: Kunden sind authentisch, und viele von ihnen kennen Produkte und Dienste besser als gering qualifizierte und wenig motivierte Call-Center-Agenten, die vordefinierte Skripte abarbei-ten. Durch Social Media verändert sich die Kommunikation von einer One-to-One-Beziehung hin zum Many-to-Many-Netzwerk. Um den Kundenservice mit Social Media nachhaltig und gewinnbringend nutzen zu können, sollten daher Spielregeln für die Kommunikation aufgesetzt und die Aktivitäten im Netz überwacht werden. Ein Beispiel hierfür liefert der Mobilfunkanbieter Base: Unter mobilfunkexperten.de können Kunden online Fragen stellen, die von den sogenannten „Mobilfunk-experten" beantwortet werden – diese sind in der Regel Kunden, ehe-malige oder freie Base-Mitarbeiter, die zur Qualitätssicherung von Base als Experten akzeptiert wurden. Kunden betreuen de facto andere Kunden. Das Zutrauen in den Kundenservice steigt, denn im Forum wird eher die Sprache der Kunden gesprochen, das macht es für sie vertrauenswürdiger. Unternehmen sollten dieses Vertrauen keinesfalls dadurch aushöhlen, dass sie die entsprechenden Foren als Werbe-plattformen missbrauchen. Der Anspruch sollte vielmehr sein, objektiv und sachlich zu informieren. Sichtbar zufriedene Kunden, die sich derartig sichtbar für ein Unternehmen engagieren, sind ohnehin die besten Werbebotschafter. Neben Base zeigen auch die Beispiele 1&1, Google und Skype, dass solche Kundenforen funktionieren. Aber nicht nur junge High-Tech-Unternehmen haben diesen Servicekanal für sich entdeckt, auch eher traditionelle Unternehmen wie der Schweizer Krankenversicherer Helsana Avanex nutzen ihn erfolgreich. Erscheint es bei schicken Mobiltelefonen oder angesagten Kommunikationsdienst-leistungen noch plausibel, dass sich Kunden freiwillig und ehrenamtlich im Service engagieren, so deutet ein solches Engagement bei einem Low-Involvement-Produkt wie einer Krankenversicherung darauf hin, dass Social Media in einer großen Bandbreite als Servicekanal eingesetzt werden können. Die zielgruppenadäquate Nutzung von Social-Media-Tools, wie z. B. Blogs, Communities, Wikis und Mashups oder Social Bookmarking, macht es möglich, nicht nur unidirektional Informationen zur Verfügung zu stellen, sondern Serviceprozesse und Serviceinhalte interaktiv mit den Kunden zu gestalten. Unternehmen können zudem ihre Ressourcen entlasten, indem sie geeignete Serviceinhalte (wie z. B. Produktinformationen oder Anwendungshilfen) über interaktive Plattformen bereitstellen. Dies wiederum trägt dem zunehmenden Effizienz- und Kostendruck Rechnung. Gleichzeitig steigen jedoch auch die Integrationserfordnisse sowie die Komplexität der Servicescape: Die steigende Komplexität von Servicekanalstruktur und Kundenbeziehung erfordert die Anpassung von Serviceprozessen und -ressourcen. Dazu ist u. a. ein CRM-System erforderlich, das die verschiedenen Servicekanäle integriert abbilden und in Echtzeit auf eine konsistente Kundendatenbank zugreifen kann.

Heute kann man sich (zumindest in den meisten Branchen) durch die Erweiterung des Serviceskanal-Mixes um Social Media im Wettbewerbsumfeld noch differenzieren – in wenigen Jahren wird es völlig selbstverständlich sein, auf Kundenanfragen z. B. in Blogs zu antworten oder Podcasts einzusetzen, um die Verwendung von Produkten und Dienstleistungen zu erklären. Unternehmen werden also ohnehin nicht umhin kommen, sich intensiv mit Social Media nicht nur in der Kommunikation, sondern auch im Bereich des Kundenservices auseinanderzusetzen und diese letztendlich in ihren Serviceskanal-Mix zu integrieren. Hier „sprechen" echte Kunden mit anderen Kunden über ihre Erfahrungen mit einem Unternehmen und seinen Produkten und Diensten. Diesen Austausch aktiv zu gestalten und den Service „von Kunden für Kunden" zu ermöglichen, ist ein wichtiger (und unvermeidlicher) Schritt – ein Abwarten an dieser Stelle nützt nur dem Wettbewerb.

Zusammenfassend lässt sich sagen: Kundenservice muss künftig sowohl kostengünstiger und effizienter als auch in der Lage sein, die komplexeren Produkt- und Dienstportfolios der Anbieter adäquat abzubilden. Zugleich wünschen sich die Kunden neue Kommunikationskanäle und entwickeln immer höhere Ansprüche an Form und Inhalt von Serviceleistungen. Wie können Unternehmen auf dieses Dilemma reagieren? Social Media sind als neue Kommunikationskanäle zwingend in den Kundenservice zu integrieren – Web-2.0-Tools ermöglichen es, mit dem Kunden in Serviceinhalten und -prozess zu kollaborieren. Im Idealfall helfen Kunden anderen Kunden, und das Unternehmen muss allenfalls noch die Qualität sichern.

Cross-Selling

Gerd Nufer/Daniel Kelm/Carsten Rennhak

Einleitung

Unternehmen suchen ständig nach neuen strategischen Konzepten, um bestehende Geschäftsbeziehungen profitabler zu gestalten, da es rund fünf- bis zehnmal teurer ist, einen Neukunden zu akquirieren, als einen Bestandskunden zu halten.[1] Ein möglicher Ansatz ist hierbei das vertriebsstrategische Managementkonzept Cross-Selling.[2] Wie eine branchenübergreifende Studie zeigt, können durch strukturierte Cross-Selling-Maßnahmen die Deckungsbeiträge einzelner Kunden oder ganzer Kundensegmente um bis zu 50 % gesteigert werden.[3] Der Kunde soll hierbei möglichst viele unterschiedliche Produkte von einem Anbieter beziehen.[4] Cross-Selling Management befasst sich mit der Koordination aller Cross-Selling-Maßnahmen. Um erfolgreiches Cross-Selling zu betreiben, ist es notwendig, das richtige Produkt dem richtigen Kunden zur richtigen Zeit anzubieten.[5]

Im Rahmen des vorliegenden Beitrags werden zunächst der Kundenwert und das Kundenwertpotenzial als Ausgangspunkt definiert. Darauf aufbauend wird dann eine konkrete Zielsetzung von Cross-Selling Management ausgearbeitet und die wesentlichen Erfolgs- bzw. Nutzenpotenziale identifiziert. Es werden zudem die Phasen eines systematischen Cross-Selling Management erarbeitet.

---

[1] Vgl. *Heinemann* (2008), S. 74.

[2] Vgl. *Baumgarth et al.* (2009), S. 120; *Homburg/Schäfer* (2000), S. 35ff.

[3] Vgl. *Gobel* (2011), S. 43.

[4] Vgl. *Sidow* (2007), S. 206.

[5] Vgl. *Dyché* (2002), S. 31f.

Grundlagen

Der Kundenwert bezeichnet den aus Anbietersicht bewerteten Beitrag des einzelnen Kunden, einer Kundengruppe oder des gesamten Kundenstamms zur „Erreichung monetärer und nicht monetärer Ziele"[6]. Der Beitrag des Kunden beschränkt sich hierbei jedoch nicht nur auf den gemessenen Umsatz über die Kundenlebenszeit abzüglich entstandener Kosten (Deckungsbeitrag des Kunden). Ein Beitrag des Kunden erfolgt auch durch beispielsweise Informationen in Form von Produktbewertungen oder durch Informationen zu seinem Konsumverhalten. Ein indirekter Beitrag des Kunden kann darüber hinaus durch sein Referenzpotenzial gegeben sein.[7]

Der Begriff Kundenwert ist abzugrenzen vom englischen Begriff „Customer Value". Dieser Wert beschreibt den Nutzen einer Kundenbeziehung aus Sicht des Kunden.[8] Gemeint ist hier der Beitrag des Anbieters zur Erreichung monetärer und nicht-monetärer Ziele des Kunden. Der Kundenwert wird in der englischsprachigen Literatur hingegen als „Customer Lifetime Value" (CLV) bezeichnet.[9] Dieser Wert wird über den gesamten Kundenlebenszyklus berechnet. Um den Kundenwert ganzheitlich ermitteln zu können, müssen unterschiedliche Bewertungsmodelle herangezogen werden. Abbildung 1 gibt die wesentlichen Unterscheidungsmerkmale einzelner Bewertungsmodelle wieder.

---

6   *Günter/Helm* (2006), S. 7.

7   Vgl. *Hammerschmidt et al.* (2006), S. 57.

8   Vgl. *Kotler/Armstrong* (2010), S. 26.

9   Vgl. *Hammerschmidt et al.* (2006), S. 110.

Differenzierungskriterium	Ausprägungsformen
Perspektive	Anbieter oder Nachfrager
Bewertungseinheit	Einzelkunden, Kundengruppen, Kundensegmente, Kundenstamm
Anzahl und Art der Komponenten	Ansätze: monokriteriell, eindimensional, multikriteriell, mehrdimensional, monetär, nicht-monetär
Zeithorizont	Ansätze: ein-periodisch, mehr-periodisch, statisch, dynamisch
Erfolgsgröße	umsatzbezogen, erfolgsbezogen

Abbildung 1: Unterscheidungsmerkmale der Bewertungsmodelle zum Kundenwert[10]

Zur Berechnung des Kundenwertes bzw. Customer Lifetime Value werden das Markt- und das Ressourcenpotenzial des Kunden berücksichtigt (vgl. Abb. 2).[11]

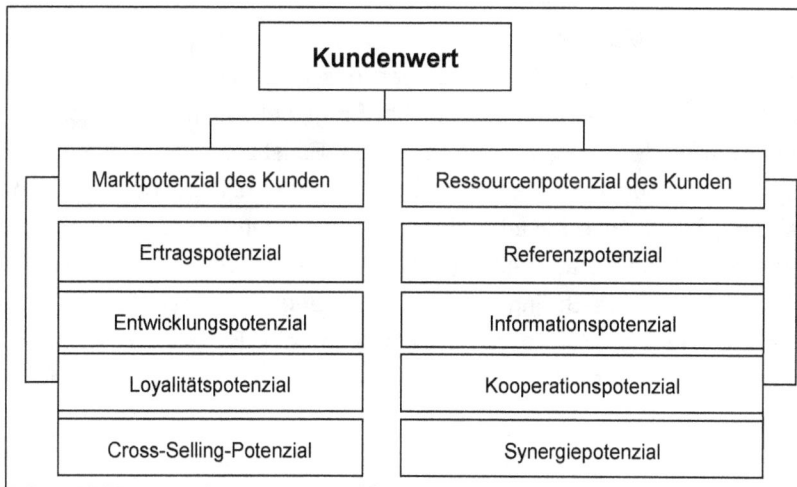

Abbildung 2: Determinanten des Kundenwertes[12]

---

[10] *Günter/Helm* (2006), S. 10.

[11] Vgl. *Lissautzki* (2007), S. 141 und *Duderstadt* (2006), S. 87.

[12] In Anlehnung an *Tomczak/Rudolf-Sipötz* (2006), S. 132.

Inwieweit der Kundenwert ausgeschöpft ist oder gegebenenfalls noch gesteigert werden kann, bestimmt das Marktpotenzial des Kunden, das sich aus dem Ertrags-, Entwicklungs-, Loyalitäts- und Cross-Selling-Potenzial zusammensetzt.[13] Ertrags-, Entwicklungs- und Loyalitätspotenzial beziehen den Kundenwert auf die Kategorie des Basisproduktes. Mögliche monetäre Beiträge durch den Umsatz mit Produkten anderer Kategorien als der des Basisproduktes werden nicht berücksichtigt.[14] Das Cross-Selling-Potenzial berücksichtigt hingegen alle bislang erzielten und noch möglichen Umsätze des Kunden in einer anderen Kategorie als der des Basisproduktes.[15]

Nach allgemeiner Auffassung wird Cross-Selling Management als vertriebsstrategisches Managementkonzept verstanden, durch das dem Kunden weitere, bislang an ihn nicht vertriebene Produkte und Dienstleistungen aus dem Portfolio des Unternehmens angeboten werden.[16] Das Ziel ist hierbei, das Marktpotenzial des Kunden bezüglich Umsatz und Profit bestmöglich auszunutzen. In Literatur und Praxis liegt dem häufig verwendeten Begriff des Cross-Selling jedoch keine einheitliche Definition zugrunde.[17] Ähnlich ambivalent werden auch die Ziele des Cross-Selling Management beschrieben. In Anlehnung an *Homburg/Schäfer* lässt sich die Zielsetzung des Cross-Selling Management jedoch anhand zweier unterschiedlicher Fragestellungen eingrenzen und so der Begriff des Cross-Selling definieren: Es ist zunächst zu klären, zu welchem Zeitpunkt im Verkaufsprozess Cross-Selling überhaupt Anwendung findet. Eine bestehende Geschäftsbeziehung ist grundsätzlich keine zwingende Voraussetzung für Cross-Selling. Das bedeutet, einem erfolgreichen Cross-Selling muss nicht zwangsläufig der Vertrieb des Einstiegs-/Hauptproduktes vorausgegangen sein. Bereits das Kaufinteresse des Kunden reicht als Ansatzpunkt für Cross-Selling aus. Begrün-

---

13   Vgl. *Tomczak/Rudolf-Sipötz* (2006), S. 132.

14   Vgl. *Gobel* (2011), S. 41.

15   Vgl. *Gobel* (2011), S. 44.

16   Vgl. *Hartwig* (2009), S. 14; *Homburg/Schäfer* (2006), S. 159; *Rickards* (2009), S. 12f.

17   Vgl. *Homburg/Schäfer* (2006), S. 161.

den lässt sich diese These durch die in der Praxis häufig verwendete Produktbündelung[18] „unter der Cross Selling subsumiert werden kann"[19]. So kann es bereits im Erstkontakt sinnvoll sein, dem Kunden zeitgleich mit dem Einstiegs-/Hauptprodukt ergänzende Produkte anzubieten, ohne zuvor das Hauptprodukt an diesen Kunden vertrieben zu haben. Hieraus ergibt sich noch eine zweite Fragestellung nach der Beziehung zwischen Einstiegs-/Hauptprodukt und Nebenprodukt. Der Vertrieb von Nebenprodukten, die komplementär zum Hauptprodukt sind, ist in der Praxis häufiges Merkmal des Cross-Selling. Dieser Zusammenhang begründet sich jedoch nicht durch eine zwingende Abhängigkeit zwischen Einstiegs-/Hauptprodukt und Nebenprodukt. Das Vorhandensein einer Ergänzungsbeziehung erleichtert den Vertrieb allerdings erheblich, weshalb diese Beziehung in der Praxis häufig vorzufinden ist.[20] Besteht zwischen Einstiegs-/Hauptprodukt und Nebenprodukt keine Ergänzungsbeziehung, so muss mindestens eine etwaige andere Verbundbeziehung zwischen beiden bestehen.[21] Zu unterscheiden sind demnach das Intra-Cross-Selling (Produkte verwandter Warengruppen) und Inter-Cross-Selling (Produkte unabhängiger Warengruppen).[22] *Homburg/Schäfer* nennen als dritten Aspekt die Herkunft des Nebenproduktes. Hierbei wird zur Diskussion gestellt, ob das Nebenprodukt originär im Portfolio des Anbieters enthalten sein muss oder auch vermittelt werden kann. *Homburg/Schäfer* argumentieren mit einer üblichen Unternehmenspraxis, was jedoch kritisch zu betrachten ist, da hier eine Allgemeingültigkeit der Unternehmenspraxis unterstellt wird. Einfacher lässt sich die Vermittlung von Produkten dadurch begründen, dass Cross-Selling ein vertriebsstrategisches Managementkonzept ist, durch das mitunter der Umsatz gesteigert werden soll.[23] Cross-Selling erfolgt

---

18 Vgl. *Meffert/Bruhn* (2009), S. 325f.

19 *Homburg/Schäfer* (2006), S. 161.

20 Vgl. *Homburg/Schäfer* (2006), S. 161f.

21 Vgl. *Ahlert* (2002), S. 213.

22 Vgl. *Helmke et al.* (2007), S. 124.

23 Vgl. *Schmoll* (2006), S. 81.

demnach selbstverständlich auch für vermittelte, zugekaufte und noch zu entwickelnde Produkte.

Cross-Selling ist also wie folgt zu definieren: „Cross Selling bezeichnet die Deckung eines Kundenbedarfs durch den Verkauf zusätzlicher Produkte/Dienstleistungen, die mit dem Einstiegsprodukt (d. h. dem Produkt, das ein Kaufinteresse bzw. eine Geschäftsbeziehung ursprünglich begründet hat) verbunden sind, aber keine Substitute der Einstiegsprodukte darstellen. Der Verkauf der Zusatzprodukte kann zeitlich versetzt oder zeitgleich mit dem Verkauf des Hauptproduktes stattfinden. Ein Anbieter kann dabei Zusatzprodukte verkaufen, die er selbst erstellt oder von anderen Anbietern zugekauft hat."[24]

Um durch Cross-Selling Management das Kundenwertpotenzial auszuschöpfen, ist der Bedarf beim Kunden eine wichtige Voraussetzung, die hier näher betrachtet werden soll. Der Kundenbedarf kann in drei Bereiche unterteilt werden. Es wird unterschieden zwischen dem gedeckten, fremdgedeckten und ungedeckten Bedarf des Kunden (vgl. Abb. 3).[25]

Bedarf des Kunden		
gedeckt	fremdgedeckt	ungedeckt
durch Produkte des fokalen Anbieters	durch Produkte von Wettbewerbern	noch keine Anbieterauswahl getroffen oder Produkt nicht verfügbar
Cross-Selling-Potenzial		
niedrig	mittel	hoch

Abbildung 3: Beziehung zwischen Kundenbedarf und Cross-Selling-Potenzial[26]

---

24   *Homburg/Schäfer* (2006), S. 162.
25   Vgl. *Homburg/Schäfer* (2006), S. 163.
26   In Anlehnung an *Tomczak/Rudolf-Sipötz* (2006), S. 132.

Ist der Gesamtbedarf des Kunden durch Produkte eines Anbieters vollständig abgedeckt, kann das Cross-Selling-Potenzial nicht weiter ausgeschöpft werden. Dazu müsste das Portfolio des Anbieters jedoch allumfassend sein und alle Bedarfsbereiche abdecken. Es müsste zudem ständig eine Erweiterung des Portfolios um neue oder noch zu entwickelnde Produkte stattfinden. Dies scheint jedoch wenig realistisch und ist jedenfalls für die unternehmerische Praxis nicht relevant. Der Kundenbedarf sollte daher zunächst unter der Prämisse betrachtet werden, dass sich der Bedarf nur auf solche Produkte bezieht, die vom Anbieter nicht zugekauft oder entwickelt werden müssen.[27] Sofern der Kunde seinen Bedarf mit Fremdprodukten deckt, die auch im Portfolio des Anbieters enthalten sind, kann das Cross-Selling-Potenzial weiter ausgeschöpft werden. Unter Abwägung von Kosten und Nutzen können bei einem ungedeckten Bedarf Produkte hinzugekauft oder entwickelt werden. Somit ist konkret zwischen einer Verdrängung und Ergänzung durch Cross-Selling-Produkte zu unterscheiden.[28]

Erfolgsfaktoren und Nutzenpotenziale

Cross-Selling Management ist, dem Ergebnis einer branchenübergreifenden empirischen Untersuchung nach zu urteilen, eines der am stärksten vernachlässigten Vertriebskonzepte. Unternehmen nutzen durchschnittlich lediglich 30% des Cross-Selling-Potenzials ihrer Kunden aus.[29] Der Grund liegt häufig in einer erschwerten Umsetzung bedingt durch eine produktorientierte Vertriebsstruktur. Oftmals gibt es für den Kunden mehrere Ansprechpartner im Unternehmen, die für einzelne Produktbereiche zuständig sind.[30] Eine solche produktorientierte Vertriebsorganisation verlangt zur erfolgreichen Umsetzung von Cross-Selling Management den internen Austausch von Kundendaten und Verrechnungen erzielter Umsätze/Deckungsbeiträge.[31]

---

27   Vgl. *Homburg/Schäfer* (2006), S. 163f.

28   Vgl. *Homburg* (2004), S. 316.

29   Vgl. *Detroy et al.* (2007), S. 545.

30   Vgl. *Homburg et al.* (2008), S. 102.

31   Vgl. *Schawel/Billing* (2009), S. 59.

Erfolgreiches Cross-Selling Management bietet aus Unternehmenssicht neben der Umsatzsteigerung noch viele weitere Vorteile:

- Ausschöpfen des Kundenwertpotenzials und Steigerung des Kundenwertes.[32]

- Stärkung der Kundenbeziehung und Verbesserung der Marktposition durch sinkende Wechselbereitschaft und Aufbau von Wechselbarrieren.[33]

- Vergrößerung des preispolitischen Spielraums durch sinkende Preissensibilität.[34]

- Risikominimierung durch Verdrängung von Wettbewerbern.[35]

- Verlängerung des Kundenlebenszyklus.[36]

- Nutzung der Synergie zwischen den Abteilungen und Vertriebskanälen.[37]

- Steigerung der Deckungsbeiträge/Rentabilität durch sinkende Akquisitions-, Bindungs- und Beziehungskosten.[38]

Cross-Selling Management kann sich darüber hinaus auch aus Kundensicht als vorteilhaft erweisen. Es kann beispielsweise dazu beitragen, die Zufriedenheit des Kunden zu erhöhen. Durch Antizipation des Bedarfs wird dem Kunden Zeit erspart, die er sonst mit der Produkt- oder Informationssuche verbracht hätte.[39] Durch den Bezug der Produkte über einen Anbieter profitieren insbesondere Geschäftskunden von niedrigeren Administrations- und Logistikkosten.[40] Viele Unternehmen redu-

---

32   Vgl. *Hartwig* (2009), S. 13ff.
33   Vgl. *Rickards* (2009), S. 12.
34   Vgl. *Töpfer* (2008), S. 7.
35   Vgl. *Schmoll* (2006), S. 81.
36   Vgl. *Homburg* (2004), S. 315.
37   Vgl. *Schawel/Billing* (2009), S. 59.
38   Vgl. *Hinterhuber* (2009), S. 11 und *Homburg* (2004), S. 314.
39   Vgl. *Grötschel et al.* (2009), S. 116.
40   Vgl. *Homburg* (2004), S. 315.

zieren aus Qualitäts- und Kostengründen die Anzahl ihrer Lieferanten und verstärken die Kooperation mit ausgewählten Lieferanten.[41]

Kernelemente und Vorgehen

Die systematische Durchführung von Cross-Selling Management kann in drei Phasen gegliedert werden.[42] In der ersten Phase, der Setup- und Analysephase, geht es um die Identifikation und Auswahl attraktiver Kunden bzw. Kundensegmente mit einem hohen Cross-Selling-Potenzial. Es erfolgt eine Bestandsaufnahme der bisherigen Produktnutzung und eine Identifikation des Kundenbedarfs.[43] Durch Abgleich des Kundenbedarfs mit dem bereichsübergreifenden Produktportfolio lassen sich Verkaufsoptionen, aber auch Lücken im Portfolio identifizieren und gegebenenfalls durch Zukauf neuer Produkte oder auch durch Entwicklung schließen.[44]

Bei der Entwicklung eines Maßnahmenpakets werden bedarfsaffine Produktbündel erstellt. Hierzu müssen Relationen zwischen dem Portfolio des Unternehmens und dem Kundenbedarf identifiziert werden. Es kann sinnvoll sein, diese Relationen in einem bereichsübergreifenden Produktkatalog zu implementieren.[45] In Abstimmung mit allen betroffenen Produktmanagern werden dann die Preise der jeweiligen Produktbündel kalkuliert. Aufgrund der häufig anzutreffenden produktorientierten Vertriebsstruktur kann sich eine Preisfindung im Rahmen des Cross-Selling Management jedoch als schwierig erweisen. Allgemein kann es sinnvoll sein, Cross-Selling-Produkte durch Preisrabatte beim Verbundkauf attraktiv zu gestalten. Einstiegsprodukte werden hierbei zur Preisdifferenzierung mit einem niedrigen Deckungsbeitrag, Zusatzprodukte zum Ausgleich hingegen mit einem entsprechend höheren Deckungsbeitrag kalkuliert. Dieses Vorgehen verlangt von bestimmten Produktmanagern einen Gewinnverzicht und bietet anderen hingegen einen Gewinnzu-

---

41 Vgl. *Bogaschewsky et al.* (2010), S. 222.

42 Vgl. *Schawel/Billing* (2009), S. 59 f.

43 Vgl. *Schawel/Billing* (2009), S. 60.

44 Vgl. *Homburg* (2004), S. 318.

45 Vgl. *Schawel/Billing* (2009), S. 60.

wachs. Aus Vertriebssicht bieten Produktbündel einen Anreiz für den Vertriebsmitarbeiter, da die höhere Marge bei Cross-Selling-Produkten sich positiv auf das Gehalt auswirkt. Der entstehende Interessenkonflikt speziell im Managementbereich und der hierfür notwendige Koordinationsaufwand sind allerdings nicht zu unterschätzen, können aber durch eine interne Verrechnung erzielter Umsätze/Deckungsbeiträge minimiert werden.

Neben der Zusammenstellung geeigneter Cross-Selling-Produkte erfolgt auch eine Planung der Vermarktungsmaßnahmen. Alle Cross-Selling-Produkte müssen, unabhängig von ihren Produktbereichen, entsprechend in Kommunikationsmaßnahmen aufgenommen werden.[46] Eine empirische Studie hat gezeigt, dass insbesondere solche Unternehmen erfolgreich Cross-Selling Management betreiben, die ihre Kunden regelmäßig über neue relevante bereichsübergreifende Produkte informieren.[47] Ein wichtiger Aspekt bei der Auswahl des Marketing-Mixes ist, dem Kunden den Zusatznutzen der Cross-Selling-Produkte zu verdeutlichen. Eine mögliche Herausforderung kann hierbei sein, dass Kunden die Abhängigkeit zum fokalen Anbieter nicht weiter verstärken wollen.[48]

Schlussbetrachtung

Cross-Selling Management kann einen großen Beitrag dazu leisten, das Potenzial von Kunden auszuschöpfen. Es wird jedoch von den meisten Unternehmen nicht ausreichend eingesetzt.[49] Dies ist im Wesentlichen auf eine interne produktorientierte Vertriebsorganisation zurückzuführen. Häufig besteht ein interner Interessenskonflikt zwischen Produktmanagern sowie ein unzureichendes Provisionsmodell für den Vertrieb. Diese Hindernisse können jedoch durch ein bereichsübergreifendes Portfolio und eine interne Verrechnung von Umsätzen und Deckungsbeiträgen aufgehoben werden. Die Umsetzung von Cross-Selling-Maßnahmen kann im ersten Schritt ohne zeit- und kostenaufwendiges Kunden-

---

46 Vgl. *Schawel/Billing* (2009), S. 60.

47 Vgl. *Homburg/Schäfer* (2006), S. 177.

48 Vgl. *Buhr et al.* (2011): S. 108.

49 Vgl. *Homburg/Schäfer* (2006), S. 160.

profiling bereits durch die Identifizierung und Definition von Relationen zwischen Basisprodukten und Zubehör/Zusatzprodukten im Produktkatalog erfolgen. Bei erfolgreicher Umsetzung von Cross-Selling Management können durch Intensivierung der Kundenbeziehung und Stärkung der Kundenbindung Bestandskunden gepflegt oder aufgebaut und der Kundenlebenszyklus verlängert werden. Die Rentabilität der Kundenbeziehungen kann durch Cross-Selling Management bereits mittelfristig gesteigert werden.[50]

---

[50] Vgl. *Hartwig* (2009), S. 13ff. und *Homburg* (2004), S. 315.

Literatur

Ahlert, D. (2002): Customer Relationship Management im Handel. Strategien – Konzepte – Erfahrungen, Berlin.

Amazon (2011): Startseite, www.amazon.com.

Baumgarth, C./Eisend, M./Evanschitzky, H. (2009): Empirische Mastertechniken. Eine anwendungsorientierte Einführung für die Marketing- und Managementforschung, Wiesbaden.

Bogaschewsky, R./Essig, M./Lasch, R./Stölzle, W. (2010): Supply Management Research. Aktuelle Forschungsergebnisse 2010, Wiesbaden.

Buhr, A./Christiani, A./Detroy, E.-N./Frädrich, S./Fink, K.-J./Kreuter, D./Limbeck, M. (2011): Das Sales-Master-Training. Ihr Expertenprogramm für Spitzenleistungen im Verkauf, 2. Aufl., Wiesbaden.

Detroy, E./Behle, C./Hofe, R. (2007): Handbuch Vertriebsmanagement. Vertriebsstrategie, Distribution und Kundenmanagement. Mitarbeitersuche, Motivation und Förderung. Profitsteigerung, Effizienzerhöhung und Controlling. Checklisten und Handbücher, Stadtbergen.

Duderstadt, S. (2006): Wertorientierte Vertriebssteuerung durch ganzheitliches Vertriebscontrolling. Konzeption für das Retailbanking, Wiesbaden.

Dyché, J. (2002): The CRM handbook. A business guide to customer relationship management, New York.

Gobel, D. (2011): Kundenwert-Controlling, Hamburg.

Grötschel, M./Lucas, K./Mehrmann, V. (2009): Produktionsfaktor Mathematik. Wie Mathematik Technik und Wirtschaft bewegt, Heidelberg.

Günter, B./Helm, S. (2006): Kundenwert – eine Einführung in die theoretischen und praktischen Herausforderungen der Bewertung von Kundenbeziehungen. In: *Günter, B./Helm, S.* (Hrsg.): Kundenwert. Grundlagen – Innovative Konzepte – Praktische Umsetzungen, 3. Aufl., Wiesbaden, S. 4-38.

Hammerschmidt, M./Stokburger, G./Bauer, H. (2006): Marketing Performance, Wiesbaden.

Hartwig, T. (2009): Up- und Cross-Selling. Mehr Profit mit Zusatzverkäufen im Kundenservice, Wiesbaden.

Hass, B./Walsh, G./Kilian, T. (2009): Web 2.0. Neue Perspektiven für Marketing und Medien, Heidelberg.

Heinemann, G. (2008): Multi-Channel-Handel. Erfolgsfaktoren und Best Practices, Wiesbaden.

Helmke, S./Uebel, M.F./Dangelmaier, W. (2007): Effektives Customer Relationship Management. Instrumente – Einführungskonzepte – Organisation, 4. Aufl., Wiesbaden.

Hinterhuber, H. (2009): Kundenorientierte Unternehmensführung. Kundenorientierung – Kundenzufriedenheit – Kundenbindung, 6. Aufl., Wiesbaden.

Homburg, C. (2004): Perspektiven der marktorientierten Unternehmensführung, Wiesbaden.

Homburg, C./Schäfer, H. (2000): Cross-Selling. Aus der Kundenbeziehung mehr herausholen. In: Havard Business Manager, Heft 6, S. 35-44.

Homburg, C./Schäfer, H. (2006): Die Erschließung von Kundenwertpotenzialen durch Cross-Selling. In: *Günter, B./Helm, S.* (Hrsg.): Kundenwert. Grundlagen – Innovative Konzepte – Praktische Umsetzungen, 3. Aufl., Wiesbaden, S. 156-181.

Homburg, C./Schäfer, H./Schneider, J. (2008): Sales excellence. Vertriebsmanagement mit System, 5. Aufl., Wiesbaden.

Kollmann, T. (2007): Online-Marketing. Grundlagen der Absatzpolitik in der Net Economy, Stuttgart.

Kotler, P./Armstrong, G. (2010): Principles of Marketing, 13. Aufl., London.

Lissautzki, M. (2007): Kundenwertorientierte Unternehmenssteuerung. Voraussetzungen – Aufgaben – Werttreiberanalysen, Wiesbaden.

Meffert, H./Bruhn, M. (2009): Dienstleistungsmarketing, 6. Aufl., Wiesbaden.

Nufer, G. (2006): Event-Marketing und Kundenbindung – Fallstudie adidas. In: *Rennhak, C.* (Hrsg.): Herausforderung Kundenbindung, Wiesbaden, S. 221-247.

Nufer, G./Prell, K. (2011): Operationalisierung und Messung von Kundenzufriedenheit. In: *Rennhak, C./Nufer, G.* (Hrsg.): Reutlinger Diskussionsbeitrag zu Marketing & Management 2011 – 4, ESB Business School, Reutlingen University.

Rickards, R.C. (2009): Leistungssteuerung kompakt, München.

Schawel, C./Billing, F. (2009): Top 100 Management Tools, 2. Aufl., Wiesbaden.

Schmoll, A. (2006): Vertriebsoptimierung im Firmenkundengeschäft. Lösungen für nachhaltige Ertragssteigerung, Wiesbaden.

Schneider, N.C. (2007): Kundenwertbasierte Effizienzmessung. Der Beitrag von Marketingmaßnahmen zur Unternehmenswerterhöhung in der Automobilindustrie, Wiesbaden.

Sidow, H. (2007): Key-Account-Management. Geschäftsausweitung durch kundenbezogene Strategien, 8. Aufl., Augsburg.

Tomczak, T./Rudolf-Sipötz, E. (2006): Bestimmungsfaktoren des Kundenwertes. Ergebnisse einer branchenübergreifenden Studie. In: *Günter, B./Helm, S.* (Hrsg.): Kundenwert. Grundlagen – Innovative Konzepte – Praktische Umsetzungen, 3. Aufl., Wiesbaden, S. 126-155.

Töpfer, A. (2008): Handbuch Kundenmanagement. Anforderungen, Prozesse, Zufriedenheit, Bindung und Wert von Kunden, 2. Aufl., Heidelberg.

Weiber, R. (2006): Ansätze zur Steigerung des Kundenwertes im Electronic Business. In: *Günter, B./Helm, S.* (Hrsg.): Kundenwert. Grundlagen – Innovative Konzepte – Praktische Umsetzungen, 3. Aufl., Wiesbaden, S. 747-779.

Ingredient Branding

Gerd Nufer/Anton Kocher/Carsten Rennhak

Einführung

Anfang der 90er Jahre startete *Intel* seine berühmte Werbekampagne unter dem Slogan „Intel Inside". Vorher wusste wohl kaum jemand, was ein Mikroprozessor ist. Auch war das Unternehmen zuvor weitestgehend unbekannt.[1] 2009 dagegen bezifferte Interbrand den Wert der Marke *Intel* auf ca. 30 Milliarden US-Dollar, wodurch sich diese zu den zehn wertvollsten Marken der Welt zählen darf.[2] *Intel* hat es geschafft, aus einer unbekannten Lieferantenmarke ein Qualitätszeichen für PCs zu machen. Diesem Beispiel sind weitere Unternehmen gefolgt, unter anderem *Gore-Tex, Dolby* und *Teflon/DuPont*. Häufig sind diese Marken bekannter als das Endprodukt, in dem sie verarbeitet sind.[3] Somit ist es kaum verwunderlich, dass oftmals von *Gore-Tex*-Jacken und *Teflon*-Pfannen gesprochen wird.

Ingredient Branding wird die Marketingstrategie genannt, mit deren Hilfe sich diese Unternehmen einen Wettbewerbsvorteil verschafft haben.[4] Nachfolgend soll dieser Beitrag einen Einblick in das Thema geben und die Grundlagen sowie Voraussetzungen für eine erfolgreiche Umsetzung der Ingredient-Branding-Strategie aufzeigen. Im Fokus stehen dabei die Möglichkeiten der Kommunikationspolitik.

Grundlagen

Im Folgenden werden die theoretischen Hintergründe zum Thema Ingredient Branding erläutert. Hierfür wird der Begriff zunächst definiert und von den verwandten Konzepten des Co-Branding und Inverse

---

1   Vgl. *Kotler/Pförtsch* (2007), S. 360.
2   Vgl. *Interbrand* (2009).
3   Vgl. *Klähn* (2010), S. 26.
4   Vgl. *Klähn* (2004), S. 20f.

Ingredient Branding abgegrenzt sowie die mit Ingredient Branding verfolgten Ziele aufgezeigt. Im Anschluss wird das Verfahren des mehrstufigen Marketings vorgestellt und das Ingredient Branding in den Marketing-Mix eingeordnet.

Beim Ingredient Branding handelt es sich um eine gezielte, marktstufenübergreifende Markierung (Branding) von bestimmten Produktkomponenten (Ingredients). Dadurch treten diese als eigenständige Marken auf dem Endprodukt in Erscheinung und werden für die Kaufentscheidung des Endkunden relevant.[5] Darüber hinaus kooperieren beim Ingredient Branding Hersteller ausschließlich auf der vertikalen Absatzstufe.[6]

In der wissenschaftlichen Literatur werden insbesondere die Begriffe Co-Branding und Inverse Ingredient Branding im Zusammenhang mit Ingredient Branding verwendet.[7] Der Hauptunterschied zwischen Co- und Ingredient Branding liegt darin, dass beim Co-Branding sowohl eine vertikale als auch horizontale Markenallianz zweier eigenständiger Marken möglich ist, während diese für Ingredient Branding ausschließlich in der vertikalen Form vorliegt. Folglich kommt es zu einer Überschneidung zwischen den genannten Konzepten, sobald Co-Branding in der vertikalen Form anzutreffen ist, wie beispielsweise bei *Intel* und *Dell*.[8] Ein typisches Beispiel für horizontales Co-Branding stellt die Markenallianz zwischen der *Deutschen Bahn AG* und der *Citibank* bei der Bahncard mit Zahlungsfunktion dar.[9] Das Inverse Ingredient Branding grenzt sich zum Ingredient Branding dadurch ab, dass der Impuls vom Endprodukthersteller, auch Original Equipment Manufacturer (OEM) genannt, ausgeht.[10] Mit der Markierung eines Ingredients auf dem Endprodukt möchte der OEM eine Aufwertung seines (End-)Produkts erreichen.[11]

---

5   Vgl. *Mattmüller et al.* (2009), S. 19.

6   Vgl. *Esch* (2008), S. 442.

7   Vgl. *Mattmüller et al.* (2009), S. 13.

8   Vgl. *Freter/Baumgarth* (2005), S. 463.

9   Vgl. *Pförtsch/Müller* (2006), S. 20.

10   Vgl. *Pförtsch/Müller* (2006), S. 22.

11   Vgl. *Havenstein* (2004), S. 104.

Die Hersteller von Vorprodukten zielen durch eine Ingredient-Branding-Strategie hauptsächlich darauf ab, ihre Erzeugnisse beim Endnachfrager bekannt zu machen, um einer möglichen Substitution durch die Konkurrenz zu entgehen.[12] Durch die Schaffung von Markenpräferenzen soll der private Endkunde bewusst auf die im Endprodukt verarbeitete Komponente achten und jene nachfragen. Die höhere Bekanntheit der Lieferantenmarke führt idealerweise auch dazu, dass der Ingredient-Hersteller seine Preisvorstellungen durchsetzen und sich von der Konkurrenz differenzieren kann.[13]

Die Basis für das Ingredient Branding bildet das mehrstufige Marketing.[14] Der Zulieferer bzw. Hersteller von Vorprodukten richtet in diesem Fall seine absatzpolitischen Aktivitäten nicht nur auf den unmittelbar nachgelagerten Abnehmer, sondern versucht vielmehr, stufenübergreifend den Endkunden in seine Marketingaktivitäten einzubeziehen. Die primäre Zielgruppe stellt demnach nicht der Käufer der eigenen Komponenten dar, sondern der Abnehmer der Endprodukte.[15]

Wie Abbildung 1 zu entnehmen ist, löst das mehrstufige Marketing einen sogenannten Pull-Effekt aus, d. h. die Nachfrage nach dem Produkt des Komponentenherstellers wird über den Endkunden angestoßen und stufenweise bis zum Ingredient-Hersteller übertragen.[16] Nichtsdestotrotz sollen die direkten Abnehmer nicht vernachlässigt werden. Die Push-Strategie sorgt für den nötigen Angebotsdruck auf den unmittelbar nachfolgenden Stufen. In der Regel zeichnet sich Ingredient Branding durch eine abgestimmte Mischung aus Push- und Pull-Strategien aus.[17]

---

12 Vgl. *Tunder/Behre* (2010), S. 253.

13 Vgl. *Pförtsch/Müller* (2006), S. 53f.

14 Vgl. *Havenstein* (2004), S. 65.

15 Vgl. *Pförtsch/Müller* (2006), S. 53.

16 Vgl. *Backhaus/Voeth* (2007), S. 509f.

17 Vgl. *Gusko* (2010), S. 170.

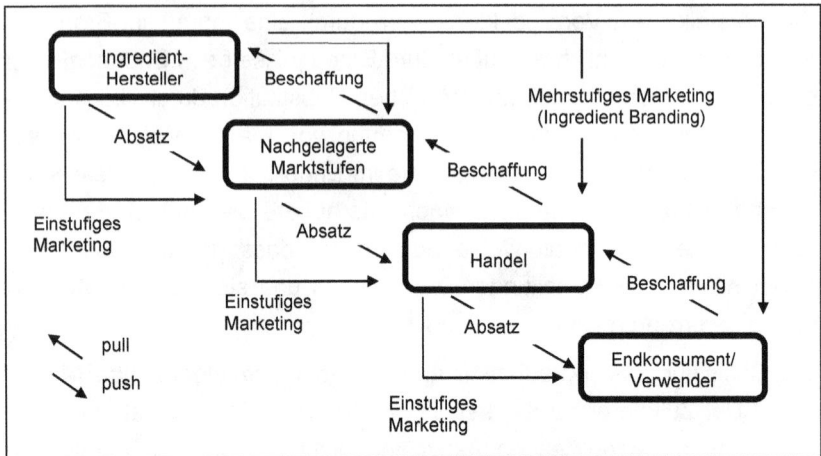

Abbildung 1: Einstufiges und mehrstufiges Marketing[18]

Beim Ingredient Branding kommen alle Elemente des Marketing-Mixes zum Einsatz.[19] Der Schwerpunkt liegt jedoch eindeutig bei der Kommunikation der Marke bzw. des Ingredients über die verschiedenen Wertschöpfungsstufen hinweg bis zum Verwender. Auf diese Weise wird der notwendige Nachfragesog ausgelöst und der Nutzen der Komponente in das Bewusstsein der Kunden gerufen.[20] Darüber hinaus ist für das Ingredient Branding die Produktpolitik in Form von kontinuierlichen Verbesserungen und Innovationen bedeutsam. Qualität und Entwicklungspotenzial spielen bei der Bewertung von Ingredient Brands durch die Endprodukthersteller eine wichtige Rolle. So musste beispielsweise das Unternehmen *Recaro*, Hersteller von Autositzen, zunächst die verschiedenen Fahrzeughersteller von den Vorteilen seiner Produkte überzeugen, bevor die nächsten Stufen direkt angesprochen werden konnten.[21] Diese Unique Selling Proposition (USP), die unter anderem aus dem Aufbau einer starken Marke resultieren kann, hilft dem Ingre-

---

18   In Anlehnung an *Pförtsch/Müller* (2006), S. 12

19   Vgl. *Freter/Baumgarth* (2005), S. 472.

20   Vgl. *Pförtsch/Müller* (2006), S. 61.

21   Vgl. *Klähn* (2010), S. 27.

dient-Hersteller, sich neben der Endproduktmarke – auch Host-Brand genannt – zu positionieren.[22]

Voraussetzungen für erfolgreiches Ingredient Branding

Eine erfolgreiche Ingredient-Branding-Strategie ist von verschiedenen Bedingungen abhängig, die im Vorfeld der Strategieumsetzung untersucht und individuell eingeschätzt werden müssen. Zunächst ist zu beachten, dass die Markierung von Vorprodukten nur dann sinnvoll ist, wenn es sich um einen wesentlichen Bestandteil des Endprodukts handelt, das zugleich qualitativ hochwertig ist. Der Mikroprozessor bei einem PC sowie das Textillaminat, das eine Jacke atmungsaktiv und wasserdicht zugleich macht, sind Beispiele für Zulieferprodukte, die einen deutlichen Mehrwert des Endproduktes erwarten lassen. Im Gegensatz dazu ist es für den Endkunden in der Automobilindustrie schwierig, den durch eine Komponente geschaffenen Mehrwert zu identifizieren und von anderen zu unterscheiden. Dies kann damit begründet werden, dass viele Hersteller gleichermaßen zur Komplexität des Automobils beitragen.[23]

Des Weiteren müssen die Bedürfnisse und Wünsche der Endkunden auf den unterschiedlichen Marktstufen bekannt sein, um die Produktvorteile der markierten Ingredients kommunizieren zu können.[24] Die Kompatibilität der Vorprodukte zu den entsprechenden Endprodukten der OEMs spielt ebenfalls eine tragende Rolle.[25] Um eine Aufwertung des Endprodukts zu garantieren, müssen die Marken zusammenpassen. Andernfalls ist von einer Ingredient-Branding-Strategie abzuraten, da es zu Konflikten in der Imagewahrnehmung kommen kann.[26]

Die Wettbewerbsintensität auf dem jeweiligen Markt darf nicht außer Acht gelassen werden. Wie Abbildung 2 zeigt, ist Ingredient Branding

---

22 Vgl. *Tunder/Behre* (2010), S. 254.

23 Vgl. *Pförtsch/Müller* (2006), S. 31f.

24 Vgl. *Esch* (2008), S. 457.

25 Vgl. *Havenstein* (2004), S. 104.

26 Vgl. *Esch/Honal* (2009), S. 71.

dann geeignet, wenn die Wettbewerbsintensität auf dem Zuliefermarkt überschaubar ist und die Bedeutung der Qualität die des Preises übersteigt. Außerdem erhöht eine große Anzahl an OEMs bei gleichzeitig geringer Wettbewerbsintensität auf der Lieferantenseite die Chancen für erfolgreiches Ingredient Branding, da sie alle potenzielle Kooperationspartner zur Steigerung der eigenen Lieferantenmarke darstellen.[27]

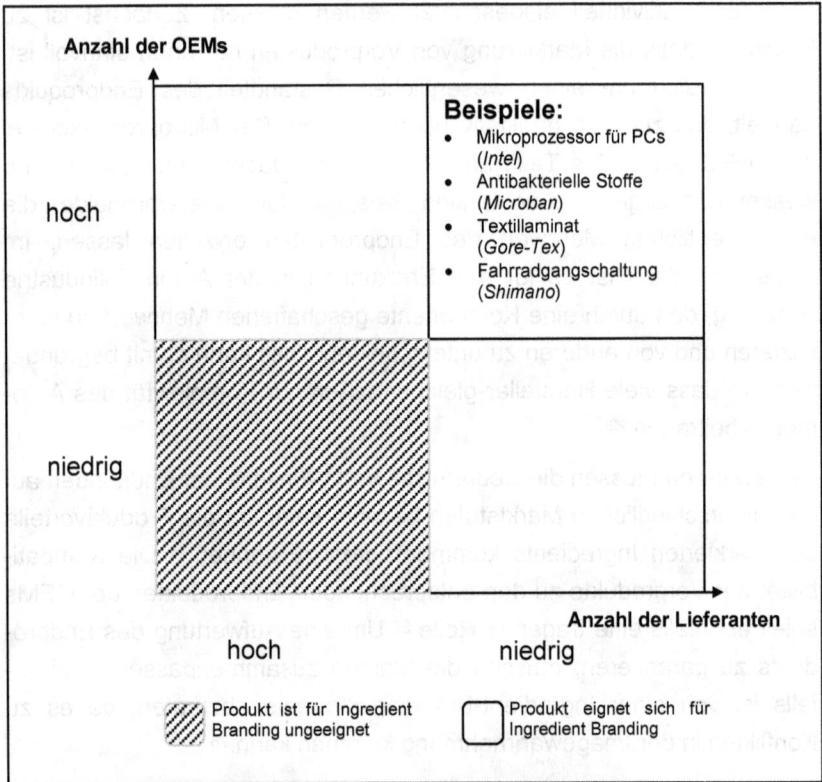

Abbildung 2: Relation der Marktteilnehmer[28]

Abschließend soll darauf hingewiesen werden, dass die erfolgreiche Umsetzung einer Ingredient-Branding-Konzeption von der Koopera-

---

27 Vgl. *Pförtsch/Müller* (2006), S. 32ff.
28 *Pförtsch/Müller* (2006), S. 33.

tionsbereitschaft der Folgestufen abhängt.[29] Ferner ist die Implementierung einer mehrstufigen Marketingpolitik durch den Ingredient-Hersteller notwendig, um – anders als beim klassischen B2B-Marketing – nicht nur die direkten Abnehmer, sondern auch alle nachfolgenden Absatzstufen bei der Marktbearbeitung zu berücksichtigen.[30]

Kommunikationspolitik zur Umsetzung von Ingredient Branding

Das Verbauen von Produktbestandteilen erschwert den nachfolgenden Stufen, darunter vor allem dem Endverbraucher, die Wahrnehmung dieser Bestandteile und deren Nutzen für das gekaufte Endprodukt. Daraus ergeben sich besondere Herausforderungen an die Kommunikationspolitik.[31]

Sobald sich ein Zulieferunternehmen dafür entscheidet, Ingredient Branding umzusetzen, muss es den Fokus in der Kommunikation auf den Endkunden legen.[32] Grundsätzlich kann dies im Alleingang oder in Zusammenarbeit mit dem Endprodukthersteller erfolgen. Zur Erhöhung der Wahrnehmbarkeit dient dabei vor allem die kommunikative Herausstellung von Lieferantenmarken in der Werbung der Endprodukthersteller. Beispielsweise werben heute viele bekannte Computerhersteller mit dem Hinweis, dass ein Intel-Chip im PC bzw. Notebook eingebaut ist.[33] In Abbildung 3 sind Beispiele für diese Art der Kommunikation dargestellt.

---

29 Vgl. *Esch/Honal* (2009), S. 78.

30 Vgl. *Pförtsch/Müller* (2006), S. 27; *Nufer/Rennhak* (2008), S. 575ff.

31 Vgl. *Baumgarth* (2008), S. 356.

32 Vgl. *Esch/Honal* (2009), S. 75.

33 Vgl. *Esch/Honal* (2009), S. 79ff.

Abbildung 3: Kommunikative Herausstellung der Ingredient Brands Zeiss und Intel[34]

Die Kooperation in der Werbung beruht in der Regel auf unterschiedlichen Vereinbarungen. Zum einen kann beispielsweise die Zahlung von
Werbekostenzuschüssen durch die Zulieferer dabei helfen, die von den
OEMs kommunizierten Werbebotschaften indirekt zu beeinflussen und
mitzugestalten. Dabei variiert die Höhe der Zuschüsse je nach einge-
setztem Werbemittel und ermöglicht eine ganzheitliche Kommunikation
entlang der vertikalen Stufen bis hin zum Endverbraucher. Auf diese
Weise soll sichergestellt werden, dass auf jeder Stufe die gewünschten
Inhalte übermittelt werden.[35] Zum anderen können vom Zulieferer Li-
zenzgebühren gefordert werden, wenn ein OEM die Nutzung von
dessen Marke in der eigenen Werbung anstrebt.[36]

Eine weitere Möglichkeit besteht darin, die Endprodukte in die Kommunikation der Zulieferer zu integrieren. In Abbildung 4 ist dargestellt, wie die

---

34 *Esch* (2008), S. 458.

35 Vgl. *Pförtsch/Müller* (2006), S. 63f.

36 Vgl. *Pförtsch/Schmid* (2005), S. 127.

Firma *Bosch* für ihre Komponenten im Automobilbereich durch die konkrete Erwähnung der Marke der Autohersteller wirbt.[37]

Neues Drehmoment in der Oberklasse?	Unmögliches möglich?	Direkt ins Herz?
Ja	**Ja**	**Ja**
Der neue Volkswagen Phaeton mit Technik von Bosch.	Wir gratulieren Volkswagen zum 1-Liter-Auto.	Der neue Alfa Romeo 156 2,0 JTS mit Benzin-Direkteinspritzung von Bosch.
Der neue Phaeton von Volkswagen bietet Hightech in Reinkultur. Bosch ist an Bord: mit Motor- und Getriebesteuerung, ESP, Airbagsteuerung, Rundumsensorik, Kombiinstrument und 2-Motoren-Wischanlage. Bosch: sicher, sauber, sparsam.	Zum unglaublich niedrigen Verbrauch von 0,89 l auf 100 km hat der Dieselmotor mit Pumpe-Düse-Technik entscheidend beigetragen. Bosch: sicher, sauber, sparsam.	Alfa Romeo lässt das sportliche Herz höher schlagen. Im neuen 156 2,0 JTS sorgt Benzin-Direkteinspritzung von Bosch für noch mehr Fahrspaß durch höhere Leistung bei geringerem Verbrauch. Bosch: sicher, sauber, sparsam.
Bosch hat die Lösung	Bosch hat die Lösung	Bosch hat die Lösung
BOSCH	BOSCH	BOSCH

Abbildung 4: Kommunikationspolitik der Ingredient Brand Bosch[38]

Vorteile der kommunikativen Herausstellung von Produktbestandteilen sind zum einen ein möglicher Imagetransfer von der Host-Brand auf die Ingredient-Marke sowie die Erzielung von Synergieeffekten. Zum anderen können die Marketingaufwendungen durch die Kooperation stark gesenkt und die Präsenz der Zuliefermarke erhöht werden.[39] Als Nachteil ist zu erwähnen, dass die Kooperationsbereitschaft des Endproduktherstellers zunächst für sich gewonnen werden muss. Dies ist entweder durch eine entsprechende Stärke der Zuliefermarke aufgrund eigener Maßnahmen in der Vergangenheit möglich oder mithilfe von Anreizsystemen, welche wiederum die Kosten und den zeitlichen Aufwand für den Zulieferer steigen lassen.[40]

---

37   Vgl. *Esch* (2008), S. 457f.
38   *Esch* (2008), S. 458.
39   Vgl. *Tunder/Behre* (2010), S. 249ff.
40   Vgl. *Havenstein* (2004), S. 107.

Die Präsentation der Marke eines Zulieferers bzw. dessen Produktes neben der Host-Brand ist entscheidend für die Identifizierbarkeit beim Endkunden.[41] Etiketten, Anhänger, Aufkleber, Gravuren etc. werden am Hauptprodukt angebracht, um dem Kunden zu zeigen, dass dieses einen bestimmten Bestandteil enthält.[42] In Abb. 5 wird als Beispiel das Ingredient Branding des Unternehmens *Gore-Tex* gezeigt. Auffällig ist dabei die Größe des *Gore-Tex*-Etiketts, das fast doppelt so groß ist wie das Etikett des Jackenherstellers. Die Endproduktmarke wird vom Material regelrecht in den Schatten gestellt und ist für den Kunden nur bei genauerem Hinsehen wahrnehmbar.

---

41 Vgl. *Pförtsch/Müller* (2006), S. 7f.

42 Vgl. *Baumgarth* (2008), S. 356.

Abbildung 5: Gore-Tex-Etikett an einer Regenjacke

Die Markierung von Ingredients auf dem Endprodukt hat den Vorteil, dass sie dem Endkunden als Qualitätszeichen dient und somit eine Orientierungsfunktion bei der Kaufentscheidung darstellt. Der Endkunde erkennt den zusätzlichen Nutzen, den ein eingebauter Produktbestandteil verspricht. Auf diese Weise schafft ein Ingredient Vertrauen und beeinflusst die Verkaufsförderung positiv.[43] Nachteile ergeben sich dann, wenn der Nutzer von Ingredients keine Markierung auf seinem Produkt duldet, um nicht vom Zulieferer abhängig zu werden.

Trotz der hohen Qualität, die das markierte Ingredient bietet, repräsentiert es häufig lediglich einen von vielen Bestandteilen im Endprodukt. Aus diesem Grund sollten die Zulieferer den garantierten Nutzen, den ihre Komponente an das Endprodukt liefert, entsprechend an den Endverbraucher kommunizieren.[44] Hier kann beispielsweise auf die „hautnahe" Kommunikation zurückgegriffen werden, bei der sich der Kunde persönlich vom Nutzen überzeugen lassen kann.[45]

Eine weitere Alternative in diesem Zusammenhang stellt die Referenzkommunikation dar. Hierbei werben die Lieferanten mit bestimmten Hinweisen wie beispielsweise Zertifikaten, um die Glaubwürdigkeit des versprochenen Nutzens zu stärken. Da sich Ingredient Branding auf mehreren Stufen abspielt, sind die einzelnen Kommunikationsaktivitäten den bestimmten Bedingungen auf jeder Stufe anzupassen.[46] An dieser Stelle soll auch auf die Möglichkeiten der nicht-klassischen Kommunikation aufmerksam gemacht werden. Die Ausrichtung von Events sowie die Nutzung des Internets werden in der Literatur zwar erwähnt, jedoch wird deren Potenzial für Ingredient Branding nicht näher erläutert.[47] Gerade das Event-Marketing, das durch Erlebnisorientierung, Interaktivität, Eigeninitiative und eine gezielte Inszenierung charakterisiert ist, könnte für die Unternehmen im Rahmen einer effektiven Nutzenkommunikation interessant sein.[48] Es bieten sich insbesondere Infotainment-Events sowie markenorientiertes Event-Marketing für Ingredient-Herstel-

---

43   Vgl. *Tunder/Behre* (2010), S. 250.

44   Vgl. *Pförtsch/Müller* (2006), S. 62.

45   *Gore-Tex* erhöhte seine Glaubwürdigkeit, indem es einen sogenannten „Handschuhtest" anbot, der einen Handschuh aus atmungsaktivem *Gore-Tex*-Material einem ohne gegenüberstellte. Der Konsument hatte somit die Möglichkeit, sich persönlich von der Qualität des Materials und dem sich daraus ergebenden Nutzen für das Endprodukt (Handschuh) zu überzeugen.

46   Vgl. *Baumgarth* (2009), S. 140f.

47   Vgl. *Baumgarth* (2009), S. 144.

48   Vgl. *Nufer* (2007), S. 21.

ler an, da hier sowohl die Informationsvermittlung als auch die Marken-
positionierung im Vordergrund stehen.[49] In Zusammenarbeit mit den
Endproduktherstellern lassen sich außerdem die Durchführungskosten
senken und eine Win-Win-Situation schaffen, da der OEM ebenfalls
durch die Präsentation seiner Produkte vom Event-Marketing profitieren
kann.

Fazit

Die Umsetzung einer Ingredient-Branding-Strategie bietet einem Vorpro-
dukthersteller zahlreiche Chancen. Zu den größten Chancen zählen der
angestrebte Austritt aus der Anonymität der Zulieferprodukte und das
geringere Substitutionsrisiko durch direkte Konkurrenten. Da der Endkunde im Erfolgsfall die Nachfrage nach den Vorprodukten steuert, lassen sich Kundenloyalität und höhere Preise am Markt erzielen. So können potenzielle Konkurrenten oftmals vom Markteintritt abgeschreckt
werden. Ein weiterer Vorteil besteht darin, dass Ingredient Branding die
Machtposition des Zulieferers gegenüber den OEMs stärkt. Diese sind
dann auf eine Zusammenarbeit mit den Zulieferern angewiesen, weil der
Endverbraucher im Idealfall nur noch jene Endprodukte nachfragt, die
bestimmte Komponenten oder Teile enthalten. Folglich lassen sich auch
bessere wirtschaftliche Konditionen in Verhandlungen durchsetzen.[50]

Risiken sind hauptsächlich darin zu sehen, dass die Ausrichtung am
Endkunden durch mehrstufiges Marketing mit hohen Kosten und einem
enormen Zeitaufwand verbunden ist. Darüber hinaus müssen die OEMs
stets beobachtet werden, da Qualitätsverluste beim Endprodukt ein
negatives Image auf die Zuliefermarke transferieren können. Schließlich
besteht die Gefahr, dass die Endprodukthersteller nicht mit den Vorpro-
duktherstellern kooperieren möchten, um ein Abschwächen ihrer eigenen Position zu verhindern.[51]

---

49 Vgl. *Nufer* (2007), S. 40f.
50 Vgl. *Pförtsch/Müller* (2006), S.36f.
51 Vgl. *Freter/Baumgarth* (2005), S. 473.

Die Globalisierung und der intensivierte Wettbewerb im In- und Ausland zwingen die Hersteller dazu, nach neuen Möglichkeiten zur Differenzierung zu suchen. Die üblichen Ansätze im B2B-Bereich, über bessere Preispolitik und Produktverbesserungen einen Wettbewerbsvorteil zu erzielen, verlieren immer mehr an Nachhaltigkeit.[52] Ingredient Branding ermöglicht den Zulieferern, ihre Produkte direkt beim Endkunden statt wie bisher ausschließlich beim direkten Abnehmer relevant und bekannt zu machen und sich dadurch einen Vorteil zu verschaffen, der Gold wert sein kann.

Obwohl bislang noch viele Unternehmen im B2B-Bereich die Realisierung des Ingredient Brandings scheuen, da es mit einem hohen finanziellen Aufwand verbunden ist und eine Reihe von Voraussetzungen erfüllt sein müssen, gibt es einige Unternehmen, die dem Beispiel *Intels* gefolgt sind. Dessen Erfolg hat gezeigt, dass mithilfe einer konsequenten Ingredient-Branding-Strategie aus einer relativ unbekannten eine global führende und am Markt nachhaltig präsente Marke geschaffen werden kann. Für die Zukunft wird dieser strategischen Option deshalb ein großes Potenzial vorausgesagt.[53]

---

52 Vgl. *Pförtsch/Müller* (2006), S. 6.

53 Vgl. *Gusko* (2010), S. 173.

Literatur

Backhaus, K./Voeth, M. (2007): Industriegütermarketing, 8. Aufl., München.

Baumgarth, C. (2009): Kommunikationspolitik für Ingredient Brands. In: *Mattmüller, R./Michael, B./Tunder, R.* (Hrsg.): Aufbruch – Ingredient Branding schafft Werte, München, S. 132-147.

Baumgarth, C. (2008): Markenpolitik. Markenwirkungen – Markenführung – Marken-controlling, 3. Aufl., Wiesbaden.

Esch, F.-R. (2008): Strategie und Technik der Markenführung, 5. Aufl., München.

Esch, F.-R./Honal, A. (2009): Ingredient Branding als Strategieoption für Zulieferunternehmen im Rahmen des Markenmanagements. In: *Mattmüller, R./Michael, B./Tunder, R.* (Hrsg.): Aufbruch – Ingredient Branding schafft Werte, München, S. 60-87.

Franke, J./Poerschke, G. (2005): Die Macht der Marke. In: Automobilindustrie, 9/2005, S. 28-30.

Freter, H./Baumgarth, C. (2005): Ingredient Branding – Begriff und theoretische Begründung. In: *Esch, F.-R.* (Hrsg.): Moderne Markenführung. Grundlagen – Innovative Ansätze – Praktische Umsetzungen, 4. Aufl., Wiesbaden, S. 455-480.

Gusko, M. (2010): Ingredient Branding als Königsweg der Differenzierung zwischen B2C und B2B. In: *Görg, U.* (Hrsg.): Erfolgreiche Markendifferenzierung – Strategie und Praxis professioneller Markenprofilierung, Wiesbaden, S. 148-180.

Harren, B. (2009): Intel Inside – Die Erfolgsstory des Ingredient Branding. In: *Mattmüller, R./Michael, B./Tunder, R.* (Hrsg.): Aufbruch – Ingredient Branding schafft Werte, München, S. 166-176.

Havenstein, M. (2004): Ingredient Branding – Die Wirkung der Markierung von Produktbestandteilen bei konsumtiven Gebrauchsgütern, Wiesbaden.

Interbrand (2009): Best Global Brands. Rankings 2009, www.interbrand.com.

Klähn, A. (2010): Die Marke in der Marke. In: Acquisa, 1/2010, S. 26-28.

Klähn, A. (2004): Innovation ist alles. In: Acquisa, 11/2004, S. 20-22.

Kleinaltenkamp, M. (2009): Ingredient Branding bei Industriegütern, in: *Mattmüller, R./Michael, B./Tunder, R.* (Hrsg.): Aufbruch – Ingredient Branding schafft Werte, München, S. 148-165.

Kotler, P./Pförtsch, W. (2007): Being known or being one of many: the need for brand management for business-to-business (B2B) companies. In: Journal of Business and Industrial Marketing, Vol. 6, S. 357-362.

Kotler, P./Pförtsch, W. (2006): B2B Brand Management, Heidelberg.

Mattmüller, R./Irion, T./Götting, P. (2009): Ingredient Branding – Grundlegungen zur terminologischen und inhaltlichen Bestimmung. In: *Mattmüller, R./Michael, B./Tunder, R.* (Hrsg.): Aufbruch – Ingredient Branding schafft Werte, München, S. 2-23.

Nufer, G. (2007): Event-Marketing und -Management. Theorie und Praxis unter besonderer Berücksichtigung von Imagewirkungen, 3. Aufl., Wiesbaden.

Nufer, G./Rennhak, C. (2008): Industriegütermarketing. In: *Häberle, S. G.* (Hrsg.): Das neue Lexikon der Betriebswirtschaftslehre, Band F-M, München u. a., S. 575-579.

Pförtsch, W./Müller, I. (2006): Die Marke in der Marke – Bedeutung und Macht des Ingredient Branding, Heidelberg.

Pförtsch, W./Schmid, M. (2005): B2B-Markenmanagement. Konzepte – Methoden – Fallbeispiele, München.

Tunder, R./Behre, R. (2010): Ingredient Branding – Eine Einführung zu theoretischen Hintergrund und zur strategischen Anwendung. In: *Baumgarth, C.* (Hrsg.): B-to-B-Markenführung. Grundlagen – Konzepte – Best-Practice, Wiesbaden, S. 243-259.

Unternehmenskommunikation in regulierten Märkten

Carsten Schulze/Gerd Nufer/Carsten Rennhak

Einleitung

In Deutschland und Europa hat die Öffnung staatlicher Monopolmärkte seit den 1980er Jahren an Bedeutung gewonnen. Ziel dieser liberaleren Wirtschaftspolitik war die stärkere Nutzung von Markt- und Wettbewerbskräften für ein größeres ökonomisches Wachstum. Das Streben der Europäischen Union nach einem einheitlichen Binnenmarkt sicherte in den nachfolgenden Jahrzehnten die stetig wachsende, internationale Bedeutung des Themas. Auch wenn der heutige Stand der Liberalisierung in den verschiedenen Branchen und Ländern uneinheitlich und die Reichweite der Marktöffnungen veränderbar ist, kann zumindest für den Raum der Europäischen Union vom anhaltenden Trend zur Entmonopolisierung ausgegangen werden. Infolgedessen wird auch die Regulierung solcher Märkte weiterhin von Bedeutung sein. Dabei werden bereits heute allein in Deutschland weit über 82 Milliarden Euro auf regulierten Märkten umgesetzt. Eine entsprechend umfangreiche wissenschaftliche Begleitung dieses ökonomisch bedeutsamen Feldes fehlt jedoch weitestgehend.

Aus Sicht der Unternehmenskommunikation ist auf liberalisierten Märkten die idealtypische Ausgangslage unmittelbar nach der Öffnung von Bedeutung. Hier trifft ein etablierter, ehemaliger Alleinanbieter in einem bisher nicht wettbewerblich gesteuerten Umfeld auf neue, in diesem Markt noch unerfahrene Konkurrenz. Die vorhandenen Konsumenten sind historisch an die Monopolsituation gewöhnt, Produkte und Dienstleistungen des Marktes wurden bisher als Teil gesellschaftlicher Daseinsvorsorge definiert.

Den wettbewerbsverzerrenden Effekten des natürlichen Monopols wird durch Kontrolle von Netzzugangsmöglichkeiten, Netznutzungsentgelten und der Forcierung der Angebotsentbündelung[1] entgegengewirkt. Den staatlichen Auftrag dazu erhält üblicherweise eine Regulierungsbehörde. Sie fördert durch Simulation von Konkurrenz den Aufbau marktwirtschaftlicher Strukturen und die Etablierung von Wettbewerb.[2]

Unternehmenskommunikation wird dabei nach *Zerfaß* (2010, S. 287) verstanden als die Gesamtheit aller „kommunikativen Handlungen von Organisationsmitgliedern, mit denen ein Beitrag zur Aufgabendefinition und -erfüllung in gewinnorientierten Wirtschaftseinheiten geleistet wird". Dabei ist grundlegend zwischen interner und externer Kommunikation zu unterscheiden. Intern ist diejenige Kommunikation, die zur Steuerung des Realgüterprozesses im Unternehmen – und zwar zwischen allen Mitarbeitern – stattfindet. Durch die externe Kommunikation hingegen wird versucht, die marktorientierten und gesellschaftlichen Beziehungen des Unternehmens zu gestalten.[3]

Mit dem vorliegenden Beitrag existiert nun erstmals eine wissenschaftliche Betrachtung der aus den skizzierten Besonderheiten regulierter Märkte erwachsenden Herausforderungen für die Unternehmenskommunikation. Der Fokus wird dabei auf die Kommunikation zwischen Unternehmen und Endverbraucher gelegt. In einer schrittweisen Vorgehensweise werden dabei zunächst die Besonderheiten regulierter Märkte und deren Relevanz für die Unternehmenskommunikation analysiert. Dabei wird deutlich, dass die Situation für Unternehmen auf diesen Märkten sowohl von strukturellen als auch von kulturellen Besonderheiten bestimmt wird. Im Anschluss daran wird dargestellt, wie die Unter-

---

1   In diesem Zusammenhang wird häufig der Begriff „unbundling" genutzt. Gemeint ist jeweils die Trennung des Netzbereiches (natürliches Monopol) vom Marktbereich. So soll der transparente und diskriminierungsfreie Zugang zum Netz für alle Unternehmen gefördert werden.

2   In Deutschland wird diese Aufgabe von der *Bundesnetzagentur* wahrgenommen. Sie betreut im Schwerpunkt die Märkte für Telekommunikations- und Postdienstleistungen, Elektrizität, Gas und Eisenbahntransport.

3   Die transaktionsorientierte Marktkommunikation findet beispielsweise mit den Kunden, mit Lieferanten oder mit Wettbewerbern statt und kann direkt (Produktwerbung) oder indirekt (Imagewerbung) geführt werden. Die interaktionsorientierte Öffentlichkeitskommunikation (Public Relations) hingegen fokussiert auf nicht-ökonomische Sphären und unterstützt die Integration des Unternehmens in das gesellschaftspolitische Umfeld. Auch *Mast* (2010) definiert vergleichbar.

nehmenskommunikation auf regulierten Märkten zu adaptieren ist. Zusammenfassend wird dann ein wissenschaftlich fundierter Rahmen für die Ausgestaltung der kommunikationspolitischen Maßnahmen vorgestellt.

Besondere Anforderungen regulierter Märkte an die Unternehmenskommunikation

Die Frage nach den Besonderheiten der Unternehmenskommunikation im regulierten Markt erfordert zunächst eine Analyse der situativen Eigenheiten. Daher sollen im Folgenden diejenigen Unterschiede zum Wettbewerbsmarkt herausgestellt werden, die einen relevanten Einfluss auf die Unternehmenskommunikation haben können. Regulierte Märkte waren bisher allerdings nur selten Thema wissenschaftlicher Veröffentlichungen. Entsprechend rar sind Ausführungen zu Besonderheiten der Kommunikationssituation. Die folgende Analyse beruht daher zu großen Teilen auf Experteninterviews mit exemplarischen Vertretern verschiedener Teilnehmer am regulierten Markt. Dazu wurden in einzelnen Sitzungen die *Bundesnetzagentur* (als Regulierungsinstanz), eine Werbeagentur (als professioneller Kommunikationsdienstleister der Anbieterseite) und die *Verbraucherzentrale* (als aggregierter Vertreter der Abnehmerseite) im Rahmen eines Tiefeninterviews befragt.

Diese Interviews und die angestellte Literaturrecherche ermöglichen einen tiefen Einblick in die Fragestellung. Insgesamt konnten neun strukturelle und kulturelle Besonderheiten der Kommunikationssituation regulierter Märkte erfasst und beschrieben werden. Sie lassen sich grundlegend auf die Bereiche Bedeutungszuwachs der Stakeholder, strukturelle Transformationen und größere Komplexität der Produkte zusammenfassen.

Bedeutungszuwachs der Stakeholder

Auf regulierten Märkten muss generell von einer größeren Bedeutung der Stakeholder ausgegangen werden. Als Stakeholder – beziehungsweise Anspruchsgruppen[4] – eines Unternehmens werden Gruppen oder Individuen bezeichnet, die sich von Firmenentscheidungen betroffen fühlen und/oder die mit ihrem Handeln selbst die Aktionen einer Firma beeinflussen können.[5] Die besondere Bedeutung der Stakeholder auf regulierten Märkten resultiert aus ihrer größeren Anzahl, ihrem besonderen Engagement, ihrem möglichen Einfluss und aus den starken Interdependenzen, die zwischen ihnen bestehen können.

Eine erste grundlegende Eigenart regulierter Märkte ist dabei das Vorhandensein mindestens eines zusätzlichen Stakeholders in Form der jeweiligen Regulierungsinstanz. Sie ist zwar als Manifestation des politischen Willens zur Marktliberalisierung zu verstehen, muss aber dennoch unabhängig vom Stakeholder „Politik" betrachtet werden, wie *Schulze* (2006, S. 115ff.) verdeutlicht.

Die Reichweite der Bedeutung besonders engagierter und aufmerksamer Stakeholder am regulierten Markt beschreibt z. B. *Waldherr* (2008). Auch *Dettmers* (2007, S. 208f.) warnt in diesem Zusammenhang vor den kontroversen gesellschaftlichen Diskussionen, die insbesondere im Zusammenhang mit der Privatisierung öffentlicher Unternehmen immer wieder aufkommen und den Liberalisierungsprozess negativ beeinflussen können. Ursächlich dafür sei vor allem die Exponiertheit der ehemaligen Staatsbetriebe in der Wahrnehmung der Öffentlichkeit. Auch aus Sicht der *Bundesnetzagentur* gilt dabei, dass die „fehlende oder eingeschränkte Substituierbarkeit vieler Produkte [...] im Zusammenhang mit der Wichtigkeit, die ihnen im Rahmen der Daseinsvorsorge zugemessen wird [...], zu einem besonderen gesellschaftlichen Interesse zumindest an der Verfügbarkeit der Produkte an sich"[6] führt. Dieses gesellschaftliche Interesse ist die Triebkraft des besonderen Stakeholderengagements an regulierten Märkten. Infolgedessen ist auch mit generell höherem Interesse an Informationen über das Unternehmen zu rechnen. Aktionen und Positionen werden schneller verbreitet und inten-

---

4   Vgl. u. a. *Mast* (2010), S. 117ff.

5   Vgl. *Freeman* (2010), S. 52f.

6   Experteninterview.

siver diskutiert. Dies kann sich insbesondere bei kritischen negativen Situationen nachteilig auswirken.

Für regulierte Märkte gilt weiterhin, dass – über das von *Freeman* (2010) geprägte, bidirektionale Bild vom Unternehmen und seinen Stakeholdern hinaus – auch die Verbindungen der Stakeholder untereinander berücksichtigt werden. Diese Interdependenzen der einzelnen Akteure werden so unter anderem von *Schulze* (2006, S. 117) näher beschrieben[7].

Es kann des Weiteren für regulierte Märkte festgestellt werden, dass bestimmte Stakeholder zumindest nicht ausschließlich um ihrer selbst Willen agieren. Vielmehr ist davon auszugehen, dass beispielsweise die von *Böhi* (1995) beschriebenen Abhängigkeiten aller Akteure vom Stakeholder „Politik"[8] auf solchen Märkten besonders zum Tragen kommen. Dabei liegt es auf der Hand, dass das Verhalten dieses medial besonders gut ausgeleuchteten und empfindsamen Stakeholders wiederum ganz unterschiedliche Einflüsse auf andere Anspruchsgruppen haben kann. Dies ist prinzipiell auf allen Märkten so, kann hier aber aus den genannten Gründen eine besonders starke Wirkung entwickeln und führt so zu größerer Komplexität und Dynamisierung des Kommunikationsumfelds der Unternehmung im regulierten Markt. Für das anbietende Unternehmen erwachsen die Herausforderungen nun vor allem daraus, dass in einer so verbundenen, multidirektionalen Umwelt Ur-

---

7   Weitere ausführliche Interdependenz-Beispiele liefern *Schmitt* (2007) und *Lennardt* (2009). Letzterer untersucht die Beziehung zwischen den Stakeholdern „Medien", „Regulierer" und „Unternehmen" am regulierten Markt. Er schreibt auf S. 213f. zusammenfassend: „Medien [...] sind eine wichtige Quelle für die entscheidenden Beamten und sie sehen Journalisten dabei durchaus als unbestechliche Anwälte [...] der Verbraucher. Regulierer sind so eng in die politische Praxis einbezogen, dass sie journalistische Produkte berücksichtigen und Meinungen antizipieren müssen, um langfristig beruflich erfolgreich zu sein." Diese Interdependenzen können vom Unternehmen kaum beeinflusst werden, beeinflussen es aber unter Umständen durchaus. Sie sind daher zwingend zu berücksichtigen.

8   *Böhi* (1995, S. 138f) schreibt, dass der Staat unter anderem deshalb auf die Wettbewerbskräfte einwirkt, weil er „von anderen gesellschaftlichen Anspruchsgruppen [...] beeinflusst und zu einem bestimmten Verhalten angehalten" wird.

sache und Wirkung nur schwer zu bestimmen sind und effiziente Kommunikation daher erschwert wird.

Mit den Stakeholdern „Politik" und „Regulierungsinstanz" existieren also mindestens zwei wirkmächtige, besondere Anspruchsgruppen. Zusätzlich unterstreichen die Aussagen in den Experteninterviews die erhöhte Öffentlichkeitswirksamkeit von Aktivitäten am regulierten Markt, weshalb folgerichtig mit dem besonderen Interesse eines ebenfalls einflussreichen dritten Stakeholders „Öffentlichkeit" zu rechnen ist.

Unabhängig vom tatsächlichen Stakeholderengagement im Einzelfall ist daher generell zu beachten, dass beim unternehmerischen Agieren in regulierten Märkten mit einer Vielzahl einflussreicher Anspruchsgruppen umgegangen werden muss. Dadurch besteht die Gefahr einer Machtkonzentration außerhalb des eigenen Unternehmens. Dieser Punkt ist deshalb von besonderer Wichtigkeit, weil Anzahl, Engagement und Interdependenz allein nicht zwingend spezielle Maßnahmen erfordern würden. Erst durch den Umstand, dass einige der Stakeholder an regulierten Märkten besonders großen Einfluss auf das Unternehmen erlangen können, wird die fokussierte Befassung mit ihnen zum Gebot.

Die strukturellen Transformationen

Im Zuge der Liberalisierung erfahren fast alle Marktteilnehmer einen Rollenwechsel. Die Bedeutung ursprünglicher Schlüssel-Stakeholder sinkt, und neue Anspruchsgruppen werden strategisch wichtig.[9] Die bedeutsamsten Veränderungen geschehen dabei auf Seiten der Abnehmer, des ehemaligen Monopolunternehmens und der Medien. Aus diesen strukturellen Transformationen erwachsen zahlreiche Besonderheiten der Unternehmenskommunikation in regulierten Märkten.

Die wichtigste Rollenverschiebung auf Seiten der Abnehmer ist die vom „Versorgungsfall" zum „Kunden". Vor einer Liberalisierung werden die Produkte des regulierten Marktes häufig als Teil öffentlicher Daseinsvor-

---

9   Vgl. *Sachs et al.* (2007), S. 198.

sorge begriffen, auf die ein Anspruch des Einzelnen besteht.[10] Im Extremfall kann es im Zuge der Marktöffnung zu gesellschaftlichen Grundsatzdiskussionen über die Richtigkeit der wettbewerblichen Nutzung essenzieller Güter kommen.[11] Die Geschwindigkeit dieser Rollenverschiebung der Abnehmer ist dabei unter anderem abhängig vom gesellschaftspolitischen Interesse am Thema. Sie profitiert von öffentlicher Aufmerksamkeit. Eine schnelle Akzeptanz der neuen Rolle des Verbrauchers als Kunde mit Rechten und Wahlmöglichkeiten ist prinzipiell positiv für den Wettbewerb und daher für neue Marktteilnehmer. Aus Sicht des ehemaligen Monopolisten hingegen kann die breite gesellschaftliche Grundsatzdiskussion über die Richtigkeit der Privatisierung hauptsächlich negative Folgen haben. Er profitiert daher von einer möglichst langsamen Verschiebung des Rollenverständnisses und kann dies beispielsweise durch Betonung der Werte „Vertrauen", „Verlässlichkeit" und „Sicherheit" unterstützen.[12] Es ist daher individuell und situationsbedingt zu bewerten, welche Kommunikationsimpulse in Richtung Markt sinnvoll sind.

Über diese abnehmerseitigen, hauptsächlich individuellen Besonderheiten hinaus bringt die Marktöffnung auch für den ehemaligen Staatsbetrieb auf Anbieterseite eine Reihe von im Schwerpunkt organisationalen Herausforderungen. Seine Rolle verschiebt sich vom staatlich gelenkten Monopolisten zum im Wettbewerb stehenden Privatunternehmen. Als größte Herausforderung wird dabei häufig die Notwendigkeit zum grundlegenden Umdenken in Bezug auf die Positionierung des Unternehmens am Markt genannt. *Sachs et al.* (2007, S. 14) zitieren hier ein Interview mit einem Ex-Monopolisten und beschreiben diese neue Situation als einen „Weckruf" für das jeweilige Unternehmen: „Als [Monopolist] waren für uns einige Stakeholder kaum ein Thema, im Vordergrund stand der Bund als Oberbehörde. Und nach der Liberalisierung sind plötzlich alle Stakeholder wichtig geworden [...], weil man plötzlich

---

10 So wurde Strom lange Zeit nicht als Produkt, sondern als ein Grundrecht betrachtet, dessen Nutzung dem Verbraucher zusteht – zu jeder Zeit und zu einem akzeptablen Preis (vgl. *Waldherr* 2008, S. 80).

11 Siehe beispielsweise *Arndt* (2009), *Felber/Reimon* (2003) oder *Geiler* (2004).

12 Experteninterview.

gemerkt hat, man ist nicht mehr in einem geschützten Rahmen drin. Das Unternehmensimage usw. ist eine wichtige Sache. Das hat früher eine untergeordnete Rolle gespielt." Auch *Mehdorn/Klein-Bölting* (2007, S. 201) fordern, dass Etablierung und Ausbau der Kundenorientierung eine der Hauptaufgaben des ehemaligen Monopolisten sein müssen. Die dafür notwendigen organisationalen, prozessualen und kulturellen Veränderungen im Unternehmen seien die Grundvoraussetzung für ein funktionierendes neues Rollenverständnis. *Humpf* (2009, S. 205) betont bei ihrer Betrachtung der *Deutschen Post DHL* ebenfalls die herausragende Bedeutung der Neuausrichtung auf den Kunden: „Für ein ehemaliges Staatsunternehmen [...] liegt in der Kundenorientierung jedoch eine besondere Herausforderung: Durch die [...] Privatisierung ist der Konzern [...] zwar weitgehend entbunden von enger staatlicher Regulierung. Er agiert gleichzeitig aber auch ohne den Schutz des Briefmonopols in Deutschland und ist einer weltweit tätigen Konkurrenz ausgesetzt. Kundenzufriedenheit wird so zum zentralen Motor für Wachstum und unternehmerischen Erfolg." Dieser fundamentale Kulturwandel im Inneren, nämlich die Abkehr „vom Beamten- und Versorgungsdenken [und die Hinwendung] zu einem marktorientierten und von verschiedenen Aktionärsinteressen bestimmten Wettbewerbsdenken"[13] ist für alle ehemaligen Staatsbetriebe eine herausfordernde Aufgabe. Die dazu notwendige Veränderung der Unternehmenskultur ist jedoch von entscheidender Bedeutung und muss alle Kommunikationspartner der Organisation mit einbeziehen.

Neben der Anbeiter- und Abnehmerseite unterliegt auch die Medienlandschaft im Zuge der Marktöffnung einer Transformation. Weil die Versorgung mit den Gütern des regulierten Marktes bisher kein Thema der öffentlichen Diskussion war, kann im Allgemeinen davon ausgegangen werden, dass auch keine spezifische Medienlandschaft ausgebildet wurde. Demzufolge müssen Medienvertreter den Schritt vom Berichter zum Ermittler und zum „unbestechlichen Anwalt [...] der Verbraucher"[14] erst noch gehen. Zwar werden öffentliches Interesse und Informations-

---

13 *Sachs et al.* (2007), S. 198.

14 *Lennardt* (2009), S. 214.

bedarf auch schon vor dem Stichtag der Liberalisierung erwachen, aber journalistische Expertise kann sich dennoch erst im Laufe der Zeit entwickeln. Neben diesem fachlichen Manko ist weiterhin davon auszugehen, dass sich auch die Medieninfrastruktur mit jeweils spezifischen Kommunikationskanälen erst nach und nach ausbildet.

Für die Unternehmenskommunikation ist dieser Umstand durchaus relevant. Wenn nämlich das, was *Zerfaß* (2010, S. 359) die „etablierten Arbeitsroutinen des Mediensystems" nennt, nicht wie auf anderen Märkten funktioniert, dann muss die Ausgestaltung der 4 Phasen der Kommunikation (mit Schwerpunkt auf der Analyse- und Umsetzungsphase) dem Rechnung tragen. Die Herausforderung lautet also, zunächst den aktuellen Entwicklungsstand der Medienlandschaft zu erkennen und daran angepasste, möglichst effiziente Kommunikationsmaßnahmen umzusetzen. Dies gilt umso mehr in Anbetracht der anspruchsvollen und vielschichtigen Themenlandschaft regulierter Märkte: „Denn die vor allem regulatorischen Themen sind von einer hohen Komplexität gekennzeichnet und nur wenige Redakteure können sich im Alltagsstress den Status des Spezialisten erarbeiten. Dann treten Vertreter von Unternehmen als Informationsvermittler, Impulsgeber und mitunter regelrecht als Ausbilder auf."[15] Eine entsprechend geplante Kommunikationsstrategie kann beispielsweise nicht nur das anfängliche Fehlen medialer Strukturen überbrücken, sondern darüber hinaus diese Informationsasymmetrie im Sinne des Unternehmens zu nutzen helfen.

Die größere Komplexität der Produkte

Lennardt (2009) betont als eine Gemeinsamkeit regulierter Märkte mehrfach die generelle Komplexität der Produkte. Daher ist insbesondere die Unternehmenskommunikation gefordert, sowohl im Gespräch mit dem Verbraucher als auch im Kontakt mit den Medien die richtigen Kanäle, die richtigen Worte und die richtigen Repräsentanten zu wählen. Eine weitere Besonderheit regulierter Märkte kommt bei der Kommunikation mit den Kunden zum Tragen. Sie liegt in der Vielschichtigkeit des Erstellungsprozesses begründet: „Eine weitere Schwierigkeit besteht

---

15   *Lennardt* (2009), S. 214.

sicher darin, dass es meist um komplexe Produkte geht, die sich nur sehr schwer kommunikativ darstellen lassen. Darüber hinaus sind die dahinter stehenden Prozesse häufig vielschichtig und langwierig [...] Kommunikativ ist daher der Markt für anfassbare, erlebbare Konsumgüter prinzipiell meist leichter zu bearbeiten."[16] Auch *Mehdorn/Klein-Bölting* (2007) verweisen darauf, dass Werbung und Kommunikation darauf ausgelegt werden müssen, die Komplexität des Systems zu reduzieren, um dem Abnehmer so die wesentlichen Angebots- und Produktmerkmale vermitteln zu können. *Dettmers* (2007) nimmt diesen Gedanken auf und zeigt am Beispiel der Bahnprivatisierung, dass aufgrund der Komplexität des Themas die öffentliche Wahrnehmung häufig oberflächlich und plakativ ist. Die fehlende intellektuelle Durchdringung der Materie, so der Autor, fördere die Reduktion des Informationsverarbeitungsprozesses auf alternative Bewertungsgrundlagen. Dazu zählen die Vereinfachung von Aussagen und Einschätzungen und die stärkere Verwendung symbolischer Kommunikationsmittel[17]. Unternehmen müssen diesen Umständen sowohl bei der Produktkommunikation als auch bei der Teilnahme am generellen öffentlichen Diskurs Rechnung tragen. Andernfalls riskieren sie, dass beispielsweise die Wechselwilligkeit der potenziellen Kunden gering ist, weil sie die Vorteile eines neuen Produktes nicht erkennen können.

Aufgrund der Komplexität der Materie stellt sich für die Unternehmenskommunikation weiterhin die Frage, wie die eigenen Themen insbesondere den Medien zu vermitteln sind. Nicht nur wegen der beschriebenen medialen „Anlernphase", sondern auch aufgrund der teilweise nötigen Fachkenntnisse sind auf regulierten Märkten Multiplikatoren wie Journalisten häufig auf den Rat von Experten angewiesen. Für Unternehmen empfiehlt *Lennardt* (2009) daher den vertrauensbildenden Einsatz von Wissenschaftlern in der direkten und indirekten Firmenkommunikation. Sie könnten in aufkommenden Diskussionen den wichtigen „ersten Aufschlag" im Sinne des Unternehmens liefern, ohne als bloße Firmensprecher betrachtet zu werden. Diese Praxis, so der Autor, ist

---

16 Experteninterview.

17 *Dettmers* (2007, S. 18f.) beschreibt in dem Zusammenhang die Verwendung des Begriffs „Heuschrecke" als Symbol gegen Privatisierung.

beispielsweise am deutschen Energiemarkt derart üblich, „dass wissen-schaftliche Unabhängigkeit [...] kaum anzutreffen sei"[18]. Problematisch ist diese Besonderheit deshalb, weil sie die direkte und gezielte Kommunikation des Unternehmens mit dem wichtigen Multiplikator „Medien" erschwert.

Adaption der Unternehmenskommunikation

Nachdem im vorhergehenden Kapitel die besonderen Anforderungen an die Unternehmenskommunikation in regulierten Märkten dargestellt wurden, müssen nun Konzepte gefunden werden, die diesen Besonderheiten Rechnung tragen.

Obwohl „Unternehmenskommunikation" insbesondere seit Beginn der 1990er Jahre auch in Deutschland häufiger im Fokus von Veröffentlichungen steht, stellt *Mast* noch 2010 den Bedarf an wissenschaftlicher Bearbeitung des Themas fest. Insbesondere in der deutschsprachigen Literatur seien theoretisch fundierte Ausführungen zur Planung der Unternehmenskommunikation nur vereinzelt zu finden: „Wie die Ausgangslage zu untersuchen ist, welche Informationen dabei wichtig sind und wie die Planung vorzunehmen ist – darüber machen die meisten Autoren keine Angaben."[19] In der Praxis führe dieses Theoriedefizit häufig zur Vernachlässigung grundlegender Analyse und zu operativen „Schnellschüssen", bei denen Stakeholder nach Gutdünken gewählt und Einzelmaßnahmen vorwiegend intuitiv umgesetzt würden. Die Forderung nach mehr Systematik und Tiefe bei der Bearbeitung von Kommunikationsthemen legt nahe, sich bei der Begründung eines Leitfadens eng an wissenschaftliche Beiträge zu halten. Das ist auch deshalb sinnvoll, weil die Einprägsamkeit und Verständlichkeit zahlreicher Management-Veröffentlichungen vor allem auf Vereinfachung und Zusammenfassung beruht. Scheinbare Simplizität aber fördert häufig eben auch jene intuitiven Reaktionen, vor denen *Mast* (2010) warnt.

---

18 *Lennardt* (2009), S. 137.

19 *Mast* (2010), S. 122.

Klar ist, dass sich bezüglich der Kommunikation in regulierten Märkten vor allem in der Analyse- und der Umsetzungsphase Änderungsbedarf ergibt. Planungs- und Kontrollphase hingegen werden als vergleichsweise unberührt vom speziellen Umfeld verstanden und können auf herkömmlichem Wege durchgeführt werden. So erfordert beispielsweise der „Bedeutungszuwachs der Stakeholder" unter anderem eine intensivere Analyse der gesamten Unternehmensumwelt, während Planungs- und Kontrollphase aber auf herkömmlichem Wege erfolgreich durchgeführt werden können. Vereinzelt lassen sich Umsetzungsempfehlungen auch für diesen Bereich ableiten, aber der Schwerpunkt liegt hier eindeutig in der Analysephase. Anders verhält es sich bei den Merkmalen „Strukturelle Transformation" und „Komplexe Produkte". Zwar erfordert auch dabei die Analysephase besondere Aufmerksamkeit, aber es kommt ergänzend noch der Bedarf an speziellen Umsetzungsmethoden hinzu. Das Fehlen einer Medieninfrastruktur, das nicht vorhandene Bewusstsein für Marktmöglichkeiten beim Kunden oder die Notwendigkeit eines Wandels der Unternehmenskultur sind Herausforderungen, die aus den strukturellen Transformationen erwachsen. Sie gehen über die üblichen Themen der Unternehmenskommunikation hinaus und erfordern besondere Herangehensweisen. Ähnlich verhält es sich beim Merkmal „Komplexe Produkte", auch hier muss den besonderen Herausforderungen regulierter Märkte mit zusätzlichen Mitteln begegnet werden. Diese Überlegungen haben richtungsweisenden Einfluss: Die Analyse- und die Umsetzungsphase bilden stringenterweise den Schwerpunkt der weiteren Bearbeitung.[20]

Die Analysephase besteht nach *Zerfaß* (2010) aus den Teilbereichen der Analyse des Kommunikationsfeldes, der Themenanalyse, der Meinungsforschung und der Potenzialanalyse.[21] Wegweisend sind dabei seine Ausführungen zum „environmental scanning", die ihn aus der Masse der deutschsprachigen Autoren herausheben. Auch der Identifikation und Bearbeitung von Stakeholdern wird gebührender Platz eingeräumt, die Unterteilung in die Schritte „Scanning", „Monitoring" und „Forecas-

---

20   Vgl. *Zerfaß* (2010).

21   Vgl. *Zerfaß* (2010), S. 326ff.

ting" betont dabei die Wichtigkeit strukturierten Vorgehens. So wird beispielsweise deutlich, dass die genauere Beschreibung der jeweiligen Anspruchsgruppen eben nicht im ersten Schritt der kommunikativen Umweltanalyse erfolgen kann, sondern in einem nachgelagerten Prozess stattfindet. *Zerfaß* gliedert die Stakeholder – und die Suche nach ihnen – in einen strukturierten PR-Analyse-Prozess. Der Mehrwert für den vorliegenden Beitrag besteht in der theoretisch hergeleiteten, umfassenden Analyse des Kommunikationsumfelds, auf das nachfolgend näher eingegangen wird. Auf die besondere Dynamik und Interaktion in der Kommunikation in regulierten Märkten geht *Zerfaß* aber nicht im erforderlichen Umfang ein. *Zerfaß* beschränkt seine Ausführungen zur Umsetzungsphase unter Verweis auf zahlreiche verfügbare Veröffentlichungen zu den „handwerklichen" Aspekten der Umsetzung auf lediglich zwei Aspekte. Zunächst erörtert er prinzipielle Zielsetzungen, die mit verschiedenen Mitteln der Öffentlichkeitsarbeit[22] realisiert werden können. Anschließend weist er auf die Wechselwirkung verschiedener Kommunikationsplattformen und die daraus resultierenden Anforderungen auf der Handlungsebene hin.

Ausblick

Ziel des vorliegenden Beitrags war es, zunächst die Besonderheiten regulierter Märkte und deren Relevanz für die Unternehmenskommunikation zu analysieren. Im Anschluss wurde dargestellt, wie die Unternehmenskommunikation auf regulierten Märkten zu adaptieren ist. Zusammenfassend wurde dann ein wissenschaftlich fundierter Rahmen für die Ausgestaltung der kommunikationspolitischen Maßnahmen entwickelt.

In Hinblick auf die zukünftige Relevanz des Themas wird von einem anhaltenden Trend zur Privatisierung öffentlicher Dienste und damit auch von einer steigenden Bedeutung regulierter Märkte ausgegangen. Diesbezüglich sei beispielsweise auf die Diskussionen um die Liberalisierung des Wassermarktes verwiesen. Die Relevanz der vorliegenden Grundlagenarbeit für den betrieblichen Alltag ist somit auch zukünftig

---

[22] Gemeint sind dabei episodische, veranstaltete, mediale und massenmediale Öffentlichkeitsarbeit.

gegeben. Ihr wissenschaftlicher Ansatz unterstützt die Professionalisierung der Kommunikation und hilft, den wirtschaftlichen Erfolg des Unternehmens zu sichern.

Literatur

Arndt, C. (2009): Vom Grundrecht zur Ware? In: *Feist, S.* (Hrsg.): Weltmacht Wasser, München, S. 24-37.

Böhi, D. M. (1995): Wettbewerbsvorteile durch die Berücksichtigung der strategisch relevanten gesellschaftlichen Anspruchsgruppen, Zürich.

Bundesnetzagentur (2011): Jahresbericht 2010.

Carroll, C. (2010): Corporate Reputation and the News Media: Agenda-Setting Within Business News Coverage in Developed, Emerging, and Frontier Markets. New York.

Coen, D. (2009): Lobbying in the European Union. Institutions, actors and issues. Oxford.

Dearing, J. W./Rogers, E. M. (1996): Agenda-Setting. Thousand Oaks.

Dettmers, S. (2008): Unternehmenskommunikation bei Privatisierungen öffentlicher Unternehmen, Wiesbaden.

Durst, J. (2009): Issue Management in Veränderungsprozessen. In: *Pfannenberg, J.* (Hrsg.): Veränderungskommunikation, Frankfurt am Main, S. 34-47.

Eisenegger, M. (2005): Reputation in der Mediengesellschaft – Konstitution, Issues Monitoring, Issues Management, Wiesbaden.

Felber, Chr./Reimon, M. (2003): Schwarzbuch Privatisierung – Wasser, Schulen, Krankenhäuser. Was opfern wir dem freien Markt? Wien.

Freeman, R. E. (2010): Strategic Management – A Stakeholder Approach, Cambridge.

Fuhlrott, E./Durst, J. (2010): Die Messung von Mitarbeitereinstellungen und -verhalten. In: *Pfannenberg, J./Zerfaß, A.* (Hrsg.): Wertschöpfung durch Kommunikation, Frankfurt am Main, S. 168-180.

Geiler, N. (2004): Das 20 Milliarden-Euro-Spiel: Die Liberalisierung des Wasser- und Abwassermarktes, Stuttgart.

Homma, N./Bauschke, R. (2010): Führung und Unternehmenskultur – Den Wandel gestalten – Methoden, Prozesse, Tools, Wiesbaden.

Humpf, H. (2009): Kundenorientierung – Deutsche Post DHL: First Choice bei Kunden werden. In: *Pfannenberg, J.* (Hrsg.): Veränderungskommunikation, Frankfurt am Main, S. 204-214.

Ingenhoff, D./Röttger, U. (2008): Issues Management – Ein zentrales Verfahren der Unternehmenskommunikation. In: *Meckel, M./Schmid, B. F.* (Hrsg.): Unternehmenskommunikation – Kommunikationsmanagement aus Sicht der Unternehmensführung. 2. Aufl., Wiesbaden, S. 323-354.

Köppl, P. (2008): Lobbying und Public Affairs: Beeinflussung und Mitgestaltung des gesellschaftspolitischen Unternehmensumfeldes. In: *Meckel, M./Schmid, B. F.* (Hrsg.): Unternehmenskommunikation: Kommunikationsmanagement aus Sicht der Unternehmensführung. 2. Aufl., Wiesbaden, S. 187-220.

Lennardt, S. (2009): Strategische Kommunikation in regulierten Märkten, Berlin.

Mast, C. (2010): Unternehmenskommunikation – Ein Leitfaden. 4. Aufl., Stuttgart.

Mathes, R./Zerfaß, A. (2010): Medienanalysen als Steuerungs- und Evaluationsinstrument für die Unternehmenskommunikation. In: *Pfannenberg, J./Zerfaß, A.* (Hrsg.): Wertschöpfung durch Kommunikation, Frankfurt am Main, S. 98-111.

Maurer, M. (2010): Agenda-Setting, Baden-Baden.

Mehdorn, H./Klein-Bölting, R. (2007): Möglichkeiten und Grenzen der marktorientierten Führung in deregulierten Märkten am Beispiel der Deutschen Bahn. In: *Bruhn, M./Kirchgeorg, M./Meier, J.* (Hrsg.): Marktorientierte Führung im wirtschaftlichen und gesellschaftlichen Wandel, Wiesbaden, S. 195-208.

Pfannenberg, J. (2009): Veränderungskommunikation, Frankfurt am Main.

Plehwe, K. (2007): Die Kampagnenmacher, Berlin.

Princen, S. (2009): Agenda-Setting in the European Union, Hampshire.

Raupp, J./Vogelsang, J. (2009): Medienresonanzanalyse, Wiesbaden.

Röttger, U. (2001): Issues Management – Theoretische Konzepte und praktische Umsetzung – Eine Bestandsaufnahme, Wiesbaden.

Sachs, S./Rühli, E./Kern, I. (2007): Lizenz zum Managen – Mit Stakeholdern zum Erfolg: Herausforderungen und Good Practices, Bern.

Schmitt, R. (2007): Dealing with an Open Stakeholder Society – An Investigation into the Camisea Project, Bern.

Schulze, A. (2006): Liberalisierung von Netzindustrien – Eine ökonomische Analyse am Beispiel der Eisenbahn, der Telekommunikation und der leitungsgebundenen Energieversorgung. Unveröffentlichte Dissertationsschrift, Potsdam.

Vondenhoff, Chr./Busch-Janser, S. (2008): Praxishandbuch Lobbying, Berlin.

Wägenbaur, T. (2007): Medienanalyse – Methoden, Ergebnisse, Grenzen, Baden-Baden.

Waldherr, G. (2008): Drahtseilakt. In: Brand Eins 02/08, S. 76-81.

Zerfaß, A. (2010): Unternehmensführung und Öffentlichkeitsarbeit – Grundlegung einer Theorie der Unternehmenskommunikation und Public Relations. 3. Aufl., Wiesbaden.

Management der Corporate Identity

Shireen Stengel/Carsten Rennhak

Einleitung

In den vergangenen Jahren haben sich die Rahmenbedingungen für Unternehmen grundlegend verändert. In Zeiten der Globalisierung sind Märkte gesättigt und Produkte substituierbar. Da sich Produkte hinsichtlich der Qualität ähneln, ist eine Differenzierung über diese – für Konsumenten selbstverständliche – Komponente kaum mehr möglich. Dabei bestimmt ein rasantes Tempo der Einführung neuer Produkte, so dass die Anzahl an Produktflops steigt.[1] Beispielsweise scheitern 70% aller Neueinführungen im Segment der Fast Moving Consumer Goods.[2] Sind Produkte jedoch erfolgreich, werden sie unverzüglich von der Konkurrenz kopiert. Dadurch gibt es neben den Originalprodukten ein Überangebot an Produktkopien sowie Pseudo- und Handelsmarken, was wiederum die Substituierbarkeit erhöht.[3]

Zudem sind die Ansprüche der Kunden gestiegen. Ein Produkt wird nicht mehr nur aufgrund seines bloßen Nutzens gekauft. Vielmehr interessieren sich Kunden für das Unternehmen, das hinter dem Produkt steht, und dafür, welche Werte dieses vertreibt. Kunden suchen emotionale Bindungen und Identifikationsmerkmale.[4] Sie sind folglich nicht nur wählerischer und kritischer, sondern auch unberechenbarer. Des Weiteren werden in Zeiten des Information Overload Konsumenten dermaßen mit Informationen überhäuft, dass nur noch ein Bruchteil der Informationen wahrgenommen wird.[5] All diese Entwicklungen auf den Märkten haben zur Folge, dass viele Produkte und Marken kein einzigartiges Profil mehr aufweisen und nicht mehr klar ist, für was die Marke eigentlich steht.

---

[1]   Vgl. *Herbst* (2009), S. 7f.

[2]   Vgl. *Markenverband, GfK und Serviceplan* (2006), S. 1.

[3]   Vgl. *Herbst* (2009), S. 7f.

[4]   Vgl. *Schmidt* (1996), S. 28.

[5]   Vgl. *Rinne/Rennhak* (2006).

Das Vertrauen der Marktpartner geht verloren, stabile Kundenbeziehungen lösen sich und das Thema Kundenbindung wird zur großen Herausforderung.[6]

Gleichermaßen verlangen gesellschaftliche Veränderungen, wie die Verschiebung von Werten, unternehmerisches Umdenken und Handeln. Werte wie Gesundheits- und Umweltbewusstsein, die Förderung sozialer und humanitärer Ziele gewinnen an Bedeutung. Wichtiger geworden sind außerdem Selbstentfaltung, Individualität und Gemeinschaftserlebnis. So fragen Mitarbeiter in der heutigen Zeit nach dem Sinn ihrer Tätigkeit, wollen stärker in das Unternehmensgeschehen eingebunden werden und die übergeordneten Ziele des Unternehmens kennen.[7]

Nicht nur das wirtschaftliche und gesellschaftliche Umfeld hat sich verändert, sondern auch die Unternehmen selbst. Die Anzahl an Fusionen, Kooperationen und Übernahmen ist in den vergangenen Jahren drastisch gestiegen. Oftmals führen solche (Struktur-)Veränderungen zur Verwirrung bei Kunden und zum Verlust des „Wir-Gefühls" der Mitarbeiter. Durch Diversifikation verwässern heterogene Produktsortimente das Profil der Dachmarke, so dass einzigartige, unverwechselbare Marken zur Seltenheit werden. Zusätzlich erschweren Produktmanager, die sich kurzfristige Erfolge als Ziel gesetzt haben, eine langfristige, konsistente Markenführung.[8]

In solchen Zeiten ist eine klare und einzigartige Unternehmens- bzw. Markenidentität für viele Firmen lebensnotwendig. Denn dadurch ist es möglich, sich von der Konkurrenz abzuheben sowie Marktteilnehmern eine stärkere Orientierung und Sicherheit zu bieten. Mithilfe der Vermittlung von Werten und Normen können sich interne sowie externe Bezugsgruppen mit dem Unternehmen identifizieren. Eine solche Identifikation schafft Vertrauen und bildet die Basis für langfristige Beziehungen. Besonders Unternehmen mit breitem Produktportfolio sollten auf eine einzigartige Unternehmensidentität (Corporate Identity – CI) setzen.

---

6   Vgl. *Rennhak* (2006).

7   Vgl. *Herbst* (2009), S. 16ff.

8   Vgl. *Herbst* (2009), S. 11ff.

All diese Aspekte werden in einem professionellen Corporate Identity Management (CIM) beachtet und umgesetzt.[9]

Ziel des vorliegenden Beitrags ist es, den aktuellen Entwicklungsstand von CI zu erläutern, anhand von Experteninterviews die aktuelle Situation in der Praxis darzustellen sowie Trends und Entwicklungslinien im Bereich CI aufzuzeigen.

State-of-the-Art

CI kann als Identität eines Unternehmens übersetzt werden und „ergibt sich aus dem gemeinsamen Selbstverständnis aller Mitarbeiter über die Unternehmenspersönlichkeit"[10]. Je mehr sich dabei die Mitarbeiter über dieses Selbstverständnis einig sind, desto stärker ist die Persönlichkeit des Unternehmens, die intern wie extern über das Verhalten (Corporate Behaviour – CB), die Kommunikation (Corporate Communication – CC) und das Erscheinungsbild (Corporate Design – CD) vermittelt wird. Im Rahmen des CIM wird das Selbstverständnis des Unternehmens langfristig und systematisch analysiert, geplant, gestaltet und kontrolliert.[11]

Das bekannteste, wenn auch nicht unumstrittene[12] CI-Konzept von *Birkigt/Stadler* (2002, S. 18ff.) wird von *Kleinfeld* (1992, S. 27) als ganzheitlicher Ansatz zur strategischen Unternehmensführung bezeichnet.[13] Sie verstehen CI „in Parallele zur Ich-Identität als schlüssigen Zusammenhang von Erscheinung, Worten und Taten eines Unternehmens mit seinem ‚Wesen'"[14]. Des Weiteren ist demnach CI „in der wirtschaftlichen Praxis [...] die strategisch geplante und operativ eingesetzte Selbstdarstellung und Verhaltensweise eines Unternehmens nach innen und außen auf Basis einer festgelegten Unternehmensphilosophie, einer langfristigen Unternehmenszielsetzung und eines

---

9   Vgl. *Herbst* (2009), S. 8.

10   *Herbst* (2009), S. 18.

11   Vgl. *Herbst* (2009), S. 18.

12   Vgl. *Lenzen* (1996), S. 36f.

13   Vgl. *Kleinfeld* (1992), S. 27.

14   *Birkigt/Stadler* (2002), S. 18.

definierten (Soll-)Images – mit dem Willen, alle Handlungsinstrumente des Unternehmens in einheitlichem Rahmen nach innen und außen zur Darstellung zu bringen"[15].

Entscheidend für das weitere Verständnis ist zusätzlich die Abgrenzung des Begriffs CI vom Begriff Marke (Brand). Basis eines jeden Unternehmens sind Produkte oder Dienstleistungen. Dabei ist der Begriff Marke ein Ausdruck (Name, Zeichen, Symbol oder Design), der es ermöglicht, Produkte einem Anbieter zuzuordnen und von Wettbewerbsprodukten zu unterscheiden.[16] Zentraler Bestandteil einer Markenstrategie ist die Markenarchitektur: Im Fall einer Dachmarkenstrategie ist das Produktsortiment des Unternehmens unter einer Dachmarke zusammengefasst. Dies bedeutet, dass die Unternehmensmarke der Produktmarke entspricht und folglich gilt, dass Corporate Identity gleich Brand Identity ist. Dahingegen verfügt ein Unternehmen mit einer Einzelmarkenstrategie über verschiedene, selbstständige Marken, wobei der Firmenname oftmals in den Hintergrund tritt. Auch bei einer Familienstrategie entspricht die Unternehmensidentität nicht der Identität der einzelnen Marken, so dass die Corporate Identity nicht mit der Brand Identity gleichzusetzen ist.[17]

Ziele des Corporate Identity Managements

CI wirkt sich – beabsichtigt oder nicht – intern auf die Mitarbeiter eines Unternehmens sowie extern auf Kunden, Lieferanten, Kapitalgeber und weitere Interessengruppen aus. Demnach verfolgt das CIM die im Folgenden dargestellten Ziele.

Wie bereits erwähnt, sind die Wünsche und Erwartungen der Mitarbeiter in den vergangenen Jahren gestiegen, so dass es als Arbeitgeber nicht mehr ausreicht, deren Bedürfnisse rein über finanzielle Aspekte zu befriedigen. Mitarbeiter möchten stärker ins Unternehmensgeschehen einbezogen werden, Unternehmensziele kennen, aktiv an Entschei-

---

15   *Birkigt/Stadler* (2002), S. 18.

16   Vgl. *Homburg/Krohmer* (2009), S. 601.

17   Vgl. *Homburg/Krohmer* (2009), S. 610ff.

dungen teilhaben und sich in ihrer beruflichen Tätigkeit selbst entfalten können. Wird dies vom Unternehmen ermöglicht und eine starke Unternehmensidentität mit Werten geboten, mit denen sich die Mitarbeiter identifizieren können, entsteht das sogenannte „Wir-Gefühl". Durch dieses Gemeinschaftsgefühl wird die Arbeitszufriedenheit verbessert, die wiederum die Motivation der Mitarbeiter positiv beeinflusst. Dadurch werden Leistung und Produktivität gesteigert.[18] Ebenfalls sind durch eine erhöhte Arbeitszufriedenheit längere Zugehörigkeiten der Mitarbeiter zum Unternehmen sowie eine Reduktion der Absenzen erkennbar.[19] Je ausgeprägter die CI eines Unternehmens ist, desto einfacher gestaltet sich auch die Rekrutierung neuer Mitarbeiter.[20] Nicht nur Anzahl und Qualität der Bewerbungen auf Stellenanzeigen nimmt zu, sondern auch die Anzahl der Bewerber, die von eigenen Mitarbeitern vermittelt werden.

Im Gegensatz zur internen Kommunikationswirkung von CI stehen die externen Wirkungen meist im Vordergrund und werden bewusst herbeigeführt. Wesentliches Ziel des CIM ist hierbei die Profilierung eines Unternehmens nach außen und die Erlangung eines Wettbewerbsvorteils.[21] Ein eindeutiges, widerspruchfreies sowie konsistentes Bild eines Unternehmens in den Augen externer Bezugsgruppen soll hier den gestiegenen Anforderungen auf dem Markt und der Gesellschaft Rechnung tragen. Ein unverwechselbares Corporate Image stellt die Basis für Glaubwürdigkeit, Sicherheit und Vertrauen dar. Da es dem Unternehmen hilft, aus der Anonymität hervorzutreten, wird eine Differenzierung von der Konkurrenz möglich. Die Identifikation der Bezugsgruppen mit einem Unternehmen und dessen Werten ist Basis für das dem Unternehmen entgegengebrachte Vertrauen. Nur wenn Worte und Taten übereinstimmen, ist die Glaubwürdigkeit des Images garantiert und die Voraussetzung für langfristige Beziehungen geschaffen.[22]

---

18 Vgl. *Herbst* (2009), S. 40f.

19 Vgl. *Schau* (1998), S. 35ff.

20 Vgl. *Schau* (1998), S. 35ff.

21 Vgl. *Suvatjis/de Chernatony* (2005), S. 809.

22 Vgl. *Herbst* (2009), S. 35ff.

Ferner hat CI unmittelbare Auswirkungen auf den Absatz. Indem psychologisch wirksame Verbindungen zu anderen Produkten oder Dienstleistungen desselben Unternehmens hergestellt werden, erhöht sich die Attraktivität der Produkte für den Verbraucher und verbessert deren Absatzchancen. Zudem wird die Bindung des Kunden an den Hersteller und dessen Produkte positiv beeinflusst und die Toleranz gegenüber unvermeidbaren Gebrauchsproblemen vergrößert. Neben dem unmittelbaren wirschaftlichen Nutzen gilt die PR-Wirkung der Kommunikation als hauptsächliche Funktion des CIM. Durch eine einzigartige CI soll der Bekanntheitsgrad des Unternehmens erhöht, dessen Positionierung in der Öffentlichkeit gefestigt, Verständnis für unternehmensspezifisches Vorgehen erzielt sowie Glaubwürdigkeit gefördert werden.[23]

Bestandteile des Corporate Identity Managements

Basis einer jeden Unternehmenspersönlichkeit ist die Kultur im Unternehmen. Sie besitzt ihre Wurzeln in der Vergangenheit, entwickelt sich im Laufe der Jahre weiter und bringt Werte, Normen sowie Einstellungen zum Ausdruck. Die für die Zukunft angestrebte Entwicklung wird in einer Unternehmensphilosophie formuliert. Unternehmenskultur, -persönlichkeit und -philosophie bilden die Identität eines Unternehmens (Corporate Identity). Im Gegensatz zum Selbstbild, das ein Unternehmen von sich hat, beschreibt das Corporate Image das Fremdbild, also wie das Unternehmen von anderen wahrgenommen wird.

Wie jeder Mensch hat auch jedes Unternehmen eine Persönlichkeit, die auf dem Handeln des Unternehmens in der Vergangenheit basiert, durch bestimmte Merkmale gekennzeichnet ist und sich ständig weiterentwickelt. Neben der Kenntnis von Stärken und Schwächen setzt sich die Unternehmenspersönlichkeit ebenfalls mit den Fragen „Wer bin ich, und wer will ich sein?" auseinander.[24] *Birkigt/Stadler* (2002, S. 19) definieren die Unternehmenspersönlichkeit als das „manifestierte Selbst-

---

23 Vgl. *Gutjahr/Keller* (1998), S. 82f.

24 Vgl. *Peymani* (2010), S. 17.

verständnis des Unternehmens"[25] unter der Voraussetzung, dass sich das Unternehmen selbst versteht – inklusive mikroökonomischem Bestand, Zielen, Zwecken, makroökonomischer Funktion und sozialer Rolle – und sich über diesen Ist-Status im Klaren ist. Auf dieser Basis bauen alle zukünftigen Überlegungen des Unternehmens auf.[26]

Durch einzigartige und unverwechselbare Merkmale kann eine starke Unternehmenspersönlichkeit die Differenzierung zur Konkurrenz erleichtern sowie Vertrauen bei den Bezugsgruppen schaffen. Aufgabe des CIM ist u. a. die langfristige und systematische Gestaltung der Unternehmenspersönlichkeit. Eine starke Persönlichkeit lässt sich in allen Kontaktpunkten zu internen sowie externen Bezugsgruppen, also in Design, Kommunikation und Verhalten, durch einheitliches Auftreten wiedererkennen.[27]

Die Unternehmenskultur – auch Corporate Culture genannt – stellt die Grundlage der Unternehmenspersönlichkeit und die Ausgangsbasis des CIM dar.[28] Im Zuge der Unternehmensgründung entstehen Werte und Normen, die sich fest im Unternehmen verankern. Geprägt durch den Firmengründer wird dieses Werte- und Normensystem im Laufe der Zeit von Mitarbeiter zu Mitarbeiter weitergegeben und somit zur Selbstverständlichkeit. Obwohl Grundeinstellungen, Werte und Normen immateriell und nur schwer zu fassen sind, äußern sie sich im Denken und Handeln der Mitarbeiter. Die Unternehmenskultur drückt sich demnach beispielsweise im Umgang mit Kunden aus, also darin, wie auf deren Wünsche, Erwartungen und Beschwerden eingegangen und wie mit Kritik umgegangen wird.[29]

Abgesehen davon lässt sich feststellen, dass eine Unternehmenskultur für das steht, was im Unternehmen als wichtig und wünschenswert angesehen wird. Somit verfügt jedes Unternehmen über eine einzigartige Unternehmenskultur, die durch unterschiedliche Erfahrungen und

---

25 *Birkigt/Stadler* (2002), S. 19.

26 Vgl. *Birkigt/Stadler* (2002), S. 19.

27 Vgl. *Herbst* (2009), S. 22f.

28 Vgl. *Weinberger* (2010), S. 34f.

29 Vgl. *Herbst* (2009), S. 46f.

Persönlichkeiten im Laufe der Zeit geprägt wurde. Wie bereits erwähnt, können sich Mitarbeiter, Kunden, Lieferanten und andere Bezugsgruppen mit einem Unternehmen identifizieren, wenn ihnen dessen Werte attraktiv erscheinen.[30] Dadurch wird ein stabiler sozialer Bezugsrahmen für Mitarbeiter geschaffen. Da Werte von Menschen geäußert und gelebt werden, ist jeder einzelne Mitarbeiter der eigentliche Träger der Unternehmenskultur.[31] Außerdem macht Kultur verlässlich, da intern wie extern auf das künftige Unternehmensverhalten geschlossen werden kann. Einerseits ist eine starke, Stabilität schaffende Unternehmenskultur von Vorteil, andererseits lässt sie sich jedoch nur schwer verändern, so dass sie in Zeiten des Wandels zum Nachteil werden kann. Früher wurden die Arbeitnehmer beispielsweise nur mit den nötigsten Informationen ausgestattet, die für das korrekte Ausführen ihrer Tätigkeit bedeutend waren. Demgegenüber wird heutzutage von Vorgesetzten verlangt, Mitarbeiter über alles zu informieren, was sie interessiert. Folglich werden die Veränderungen des Umfeldes zu einer Herausforderung für Unternehmen, wobei ein hohes Maß an Flexibilität verlangt wird.[32] Das CIM hat die Aufgabe, die derzeitige im Unternehmen gelebte Kultur zu erkennen, sie mit den Anforderungen der Bezugsgruppen abzugleichen und hieraus eine auf die Zukunft ausgerichtete CI abzuleiten, die in der Unternehmensphilosophie formuliert und verbindlich niedergeschrieben wird.[33]

Die Unternehmensphilosophie – auch Leitbild, Leitidee, Vision oder Mission genannt – bildet das Herzstück des CI-Prozesses[34] und basiert auf der Unternehmenskultur einerseits und auf den internen sowie externen Wünschen und Erwartungen andererseits.[35] In der Unternehmensphilosophie werden die gewünschten Vorstellungen und das gewünschte Verhalten über die angestrebte Entwicklung des Unternehmens dar-

---

30 Vgl. *Herbst* (2009), S. 46f.

31 Vgl. *Lenzen* (1996), S. 93ff.

32 Vgl. *Herbst* (2009), S. 46ff.

33 Vgl. *Herbst* (2009), S. 52.

34 Vgl. *Weinberger* (2010), S. 37.

35 Vgl. *Herbst* (2009), S. 52.

gestellt.[36] Sie muss somit nicht mit der heute existierenden Unternehmenskultur übereinstimmen, sondern richtet ihren Blick auf die Zukunft. Dementsprechend werden nicht nur Werte beschrieben, auf denen das Unternehmen basiert, sondern vielmehr ein angestrebtes Verhalten formuliert.[37] Der Vorteil einer niedergeschriebenen Unternehmensphilosophie liegt darin, dass alle Beteiligten über die Unternehmenswerte informiert sind und eine Grundlage für einheitliches Verhalten besteht.[38] Mithilfe transparenter Unternehmensziele werden die Mitarbeiter motiviert, aktiv zum Unternehmenserfolg beizutragen. Die Einigung auf ein gemeinsames, anzustrebendes Selbstverständnis stärkt zudem den Zusammenhalt und das „Wir-Gefühl". Zusätzlich dient eine Unternehmensphilosophie als Orientierungshilfe, so dass Mitarbeiter ihr Verhalten daran ausrichten können. Ferner wird die Positionierung des Unternehmens auf dem Markt durch dessen im Leitbild ausgedrückte Einzigartigkeit gefestigt.[39]

Das Leitbild eines Unternehmens kann in Leitidee, Leitsätze und Motto untergliedert werden. Unternehmensgründungen beginnen meist mit einer Idee, wie ein Zusatznutzen für Kunden, Markt oder Gesellschaft erbracht werden kann. Diese Leitidee – auch Auftrag, Mission oder Vision genannt – beschreibt den Sinn des Unternehmens und begründet somit dessen Existenz. Da das Leitbild als Vision oftmals schwer greifbar ist, werden Leitsätze formuliert, die konkret das Verhältnis zu zentralen Bezugsgruppen bestimmen. Als Kernaussage beinhalten Leitsätze die grundlegenden Werte, Ziele und Erfolgskriterien des Unternehmens. Außerdem zeigen sie die spezifische Kompetenz des Unternehmens, dessen Leistungsfähigkeit und Wettbewerbsvorteile auf. Leitsätze gelten als Richtlinie für Mitarbeiter, um die Leitidee optimal umsetzen zu können. Nichtsdestotrotz sind Leitsätze so allgemein gehalten, dass sie auf alle Bereiche des Unternehmens angewandt werden können.

---

[36]   Vgl. *Glöckler* (1995), S. 26.
[37]   Vgl. *Weinberger* (2010), S. 37.
[38]   Vgl. *Herbst* (2009), S. 52f.
[39]   Vgl. *Weinberger* (2010), S. 40.

Leitbild und Leitsätze sind meist recht lang; das Motto im Gegenteil dazu ist eine kurze, prägnante Aussage, die das Leitbild auf den Punkt bringt und sich leicht ins Gedächtnis der Bezugsgruppen einprägen soll.[40]

Im Gegensatz zur Unternehmenspersönlichkeit, die das Selbstbild eines Unternehmens darstellt, wird das Fremdbild als Unternehmensimage (Corporate Image) bezeichnet. Dabei dienen die Instrumente Verhalten, Kommunikation und Erscheinungsbild der Vermittlung der Unternehmenspersönlichkeit gegenüber internen sowie externen Zielgruppen. Ergebnis ist folglich das Corporate Image als Spiegelbild der CI im sozialen Feld.[41] Jedoch wird das nach außen erscheinende Image der wahren Identität eines Unternehmens nie komplett entsprechen. Wesentlicher Grund hierfür ist, dass sich die Öffentlichkeit ein Image über das Unternehmen bildet, basierend auf Informationen, die öffentlich zugänglich sind und je nach Empfänger auf unterschiedliche Weise interpretiert werden können. Einerseits verursachen somit fehlende Informationen, sprich objektive Informationsdefizite, sowie andererseits subjektive Kriterien die Divergenz zwischen Identität und Image.[42]

Mithilfe eines unverwechselbaren Images ist es dem Unternehmen möglich, aus der Informationsflut und Anonymität hervorzutreten und sich von der Konkurrenz zu unterscheiden. Dies geschieht zum einen auf der Sachebene durch Informationen und zum anderen auf der Bezugsebene durch eine emotionale Ansprache der Gefühle. Dadurch wird Glaubwürdigkeit vermittelt sowie Sicherheit und Vertrauen geschaffen. Ein starkes Image dient somit der Orientierung, vermittelt Wissen und verringert z. B. das Risiko beim Produktkauf. Dementsprechend beeinflusst das Image das Verhalten der Bezugsgruppen. Es hat beispielsweise Einfluss darauf, ob sich Kandidaten bei einem Unternehmen bewerben oder nicht.[43] Die meisten Konsumenten kaufen keine Produkte von Unternehmen, von denen sie ein schlechtes Bild haben. Das Image eines Unternehmens spielt folglich eine zunehmende Rolle beim Produkt-

---

40 Vgl. *Herbst* (2009), S. 56ff.

41 Vgl. *Birkigt/Stadler* (2002), S. 23f.

42 Vgl. *Trux* (2002), S. 68ff.

43 Vgl. *Herbst* (2009), S. 68ff.

kauf.[44] Produktmarken und Unternehmensmarken beeinflussen sich dabei wechselseitig. Hat ein Konsument gute Erfahrungen mit den Marken eines Herstellers gemacht, überträgt sich dieses positive Bild auf das gesamte Unternehmen. Auch andersherum beeinflusst eine positive Einstellung gegenüber einem Unternehmen den Kauf von dessen Produkten. Eine systematische Koordination von Unternehmens- und Markenimage zu einem integrierten Managementkonzept wird schließlich unumgänglich.[45] Des Weiteren hängt auch der Börsenwert eines Unternehmens neben finanziellen Kennzahlen von immateriellen Faktoren wie dem Unternehmensimage ab.[46] Entscheidend für den Unternehmenserfolg ist somit das Image, das das Unternehmen in den relevanten Bezugsgruppen hat. Schließlich unterstützt das CIM durch die systematische und gezielte Entwicklung eines einzigartigen Corporate Images das Erreichen der Unternehmensziele. Nichtsdestotrotz kann das Unternehmen das Bild, das die relevanten Bezugsgruppen vom Unternehmen haben, nicht einfach und komplett bestimmen, da die Vorstellungsbilder der Bezugsgruppen meist sogar stärker durch nicht vom Unternehmen stammende Quellen wie Familie, Freunde, soziale Gruppen, Massenmedien und Institutionen geprägt werden.[47]

Instrumente des Corporate Identity Managements

Die Unternehmenspersönlichkeit wird durch das Verhalten (Corporate Behaviour – CB), die Kommunikation (Corporate Communication – CC) und das Erscheinungsbild (Corporate Design – CD) nach innen sowie außen vermittelt. Ergebnis ist das Corporate Image. Um einen Zustand der Harmonie zu erreichen und von außen als authentisch wahrgenommen zu werden, müssen die verschiedenen Instrumente in einem Identitäts-Mix aufeinander abgestimmt sein und im Einklang stehen.[48] Nicht immer lassen sich die Grenzen der Bereiche klar definieren, denn

---

44 Vgl. *Herbst* (2009), S. 9f.
45 Vgl. *Wiedmann* (2001), S. 17ff.
46 Vgl. *Herbst* (2009), S. 16.
47 Vgl. *Herbst* (2009), S. 69ff.
48 Vgl. *Lenzen* (1996), S. 74.

eigentlich ist das Verhalten weitgehend kommunikatives Verhalten und Design in erster Linie realisierte Kommunikation.[49]

Corporate Behaviour umfasst das Verhalten aller Mitglieder einer Organisation nach außen und innen sowie deren Handlungsweisen und Reaktionen auf bestimmte Situationen. Optimalerweise ist es in sich schlüssig, widerspruchsfrei und auf die Unternehmensidentität ausgerichtet. Nur wenn das Verhalten in allen Bereichen mit dem Erscheinungsbild in Einklang steht und Versprechungen tatsächlich eingehalten werden, werden Werte wie Zuverlässigkeit und Sicherheit glaubwürdig vermittelt. Ein schlüssiges Unternehmensverhalten gilt folglich als das wichtigste und wirksamste Instrument des CIM.[50]

Beim unternehmensinternen Verhalten geht es vor allem um den Umgang mit Mitarbeitern, Aktionären und Geldgebern. Das Verhalten äußert sich beispielsweise in der Organisation oder im Führungsstil des Unternehmens. Dahingegen bestimmt das externe Unternehmensverhalten den Umgang mit Kunden, Lieferanten, weiteren Marktpartnern, Staat, Öffentlichkeit und Umwelt. Ferner bestimmen auch Zahlungsmoral oder Spendenpolitik das Ansehen des Unternehmens in der Öffentlichkeit. Gerade bei Dienstleistungsunternehmen, bei denen sich das Angebot auf immaterielle Leistungen beschränkt, spielt der persönliche Kontakt des Unternehmens über das Verhalten der Mitarbeiter eine noch bedeutendere Rolle.[51]

Im Gegensatz zu den anderen beiden Instrumenten des CIM stellt das CB in der Praxis die größte Herausforderung dar. Ein Design lässt sich relativ schnell und einfach erstellen. Und auch die Kommunikation des Unternehmens kann in relativ kurzer Zeit mithilfe von Agenturen einheitlich ausgerichtet werden; nicht jedoch das Verhalten eines Unternehmens. Änderungen und Neuausrichtungen des Verhaltens sämtlicher Mitglieder eines Unternehmens bedürfen eines langwierigen Prozesses, bei dem das Verhalten ständig überprüft, gelebt und angepasst werden muss. Vor allem in Zeiten des Wandels ist es schwierig, Design, Kom-

---

49 Vgl. *Benesch/Sperl* (2005), S. 42.

50 Vgl. *Birkigt/Stadler* (2002), S. 20.

51 Vgl. *Herbst* (2009), S. 66f.

munikation und Verhalten in Einklang zu bringen. Nur wenn diese drei Komponenten übereinstimmen, wird die Glaubwürdigkeit des Unternehmens hergestellt.[52]

Im Allgemeinen wird unter Corporate Communication die strategisch geplante und in sich stimmige Kommunikation eines Unternehmens nach außen und innen verstanden.[53] Die interne Kommunikation beinhaltet z. B. mündliche Gespräche mit Mitarbeitern, E-Mails und Briefe an Mitarbeiter, ein internes Magazin, ein nur für Mitarbeiter zugängliches Intranet, Auszeichnungen, interne Projekte, Ausflüge und Feste sowie Geschenke für Mitarbeiter. Die externe Kommunikation richtet sich hingegen an die Öffentlichkeit: Kunden, Aktionäre, Lieferanten, Geschäftspartner, Banken, Journalisten und sämtliche weitere Interessengruppen. Die Auswahl an möglichen einsetzbaren Instrumenten ist hierbei dementsprechend hoch: eine Unternehmenshomepage, Werbung auf verschiedenen Kanälen, ein Newsletter, gedrucktes Informationsmaterial, Kundenmagazine, digitale Publikationen, Veranstaltungen, Vorträge, Messeauftritte, diverse Kooperationen usw.[54] Die Instrumente der externen Kommunikation lassen sich in Werbung, Öffentlichkeitsarbeit (PR), Verkaufsförderung und Sponsoring einteilen.[55]

Unabhängig davon, welchen Kommunikations-Mix ein Unternehmen verwendet, ist die Realisierung einer einheitlichen Strategie entscheidend. Um die Konsistenz aller Einzelaktivitäten gewährleisten zu können, ist eine zentrale Steuerung und Koordination empfehlenswert.[56] Einerseits sollen die Zielgruppen nicht nur über das Unternehmen und seine Leistungen wie z. B. über neue Produkte und Preisangebote informiert werden, sondern andererseits auch die Werte und Normen des Unternehmens vermittelt bekommen. Nur wenn bei den verschiedenen Zielgruppen dieselbe Botschaft ankommt, kann ein glaubwürdiges und prägnantes Corporate Image entstehen und der Bekannt-

---

52 Vgl. *Herbst* (2009), S. 66f.
53 Vgl. *Benesch/Sperl* (2005), S. 42.
54 Vgl. *Weinberger* (2010), S. 107f.
55 Vgl. *Herbst* (2009), S. 63.
56 Vgl. *Lenzen* (1996), S. 79.

heitsgrad des Unternehmens auf dem Markt erhöht werden. Wichtiger Bestandteil ist hierbei die spezifische Sprache eines Unternehmens, die sogenannte Corporate Language. Durch eine klare, verständliche Sprache mit einem individuellen, unternehmensspezifischen Touch wird der Wiedererkennungswert des Unternehmens gesteigert. Auch innerhalb des Unternehmens kann durch einen unternehmensspezifischen Sprachgebrauch und durch gewisse Kommunikationsregeln die Verständigung zwischen den Mitarbeitern verbessert werden. Dabei ist es von enormer Wichtigkeit, dass alle kommunikativen Aktivitäten mit dem im Unternehmen anerkannten Leitbild und der Unternehmenskultur in Einklang stehen sowie mit den Elementen des CD gestaltet und aufeinander abgestimmt sind, so dass eine einzigartige und unverwechselbare Kommunikationsstrategie entsteht.

Das Corporate Design bezeichnet den visuellen Auftritt eines Unternehmens, wobei die Unternehmenspersönlichkeit extern sowie intern durch ein einheitliches visuelles Erscheinungsbild vermittelt wird.[57] Im Allgemeinen sollte das CD stets dem Selbstverständnis des Unternehmens entsprechen und sich kontinuierlich dem Wandel der Unternehmenspersönlichkeit anpassen. Außerdem sollte das Erscheinungsbild an das allgemeine ästhetische Zeitgefühl angelehnt sein, jedoch keinen kurzlebigen Modetrends folgen.[58] Das CD beinhaltet verschiedene, im Folgenden dargestellte Gestaltungselemente, die das Design aller visuellen Äußerungen eines Unternehmens bestimmen.[59] Ob Bild-, Wort-, Buchstabenmarke oder kombinierte Marke – das Unternehmenszeichen, auch Logo genannt, wird direkt mit dem Unternehmen in Verbindung gebracht. Es weckt Aufmerksamkeit, hat Signalwirkung, steigert den Informations- sowie Erinnerungswert und gilt als Sympathieträger. Ferner ist das Logo eigenständig und langlebig, hat ästhetischen Wert und kann auf verschiedensten Vorlagen angebracht werden. Durch ihre starke Signalkraft stellen Farben ein weiteres wichtiges Element des Corporate Designs dar. Da Farben jedoch nicht patentiert werden

---

[57] Vgl. *Lenzen* (1996), S. 80f.

[58] Vgl. *Herbst* (2009), S. 60f.

[59] Vgl. *Herbst* (2009), S. 60f.

können, ist es sinnvoll, die Grundfarbe durch Zusatzfarben zu erweitern sowie die Hausfarbe intensiv und gezielt zu nutzen.[60] Des Weiteren lassen sich Unternehmen anhand ihrer Schriftart bzw. Typografie erkennen und unterscheiden.[61] Durch eine einprägsame Kombination aus Symbolen, Farben und Schrift kann ein hoher Wiedererkennungswert erzielt werden.[62] Mithilfe eines Gestaltungsrasters unterliegen jegliche Texte und Abbildungen eines Unternehmens einem einheitlichen Ordnungsprinzip. Dadurch wird nicht nur ein einheitlicher Unternehmensauftritt gewährleistet, sondern auch das Anfertigen von Entwürfen und deren Realisierung vereinfacht. Die Gestaltungselemente werden meist in Gestaltungsrichtlinien zusammengefasst, in einem Design-Manual veröffentlicht und führen bei korrekter Anwendung zu einem einheitlichen, widerspruchsfreien und ausdrucksstarken visuellen Erscheinungsbild.[63]

Inhalt des CDs ist somit die Gestaltung verschiedener Kommunikationsträger eines Unternehmens durch soeben genannte Gestaltungselemente. Mithilfe eines erfolgreichen Produkt- und Verpackungsdesigns wird im Optimalfall die Unternehmensphilosophie repräsentiert, wodurch den Konsumenten bestimmte Werte vermittelt werden und diese in der Lage sind, die Produkte eindeutig von der Konkurrenz zu unterscheiden. Des Weiteren umfasst das allgemeine Grafikdesign, bzw. Kommunikationsdesign, die Gestaltung von sämtlichen gedruckten und digitalen Materialien, wie Prospekten, Anzeigen, Visitenkarten und Organisationspapieren,[64] die Gestaltung von Messeauftritten sowie das Design audiovisueller Medien, Fotodesign, die Gestaltung von Schildern und Gebäudebeschriftungen. Ein weiterer Bereich stellt das Bekleidungsdesign dar.[65] Durch eine einheitliche Berufskleidung wird nicht nur intern das

---

60 Vgl. *Stankowski* (2002), S. 195ff.

61 Vgl. *Herbst* (2009), S. 61.

62 Vgl. *Aglas* (2010), S. 39.

63 Vgl. *Herbst* (2009), S. 60ff.

64 Vgl. *Lenzen* (1996), S. 81.

65 Vgl. *Herbst* (2009), S. 62.

„Wir-Gefühl" der Mitarbeiter gestärkt, sondern auch das Erscheinungsbild und die Wirkung der Mitarbeiter nach außen positiv beeinflusst.[66]

Zuletzt darf das Architekturdesign – sowohl bezogen auf Innenarchitektur als auch auf Außenarchitektur – nicht vernachlässigt werden. Die Unternehmenspersönlichkeit drückt sich ebenso in Form und Anordnung der Firmengebäude sowie deren Außenbereichen aus und übermittelt – gewollt oder nicht – eine Botschaft.[67]

Das CD soll schließlich die Kompetenzen und Eigenarten eines Unternehmens hervorheben, also die einzigartige Identität eines Unternehmens zum Ausdruck bringen, so dass eine klare Positionierung am Markt geschaffen und das Unternehmen leicht von der Konkurrenz differenziert werden kann.[68] Ziel eines einheitlichen Auftretens ist folglich die positive Beeinflussung der Bezugsgruppen, um die Unverwechselbarkeit und den Wiedererkennungswert des Unternehmens zu steigern. Vor allem bezüglich der Beeinflussung potenzieller Neukunden spielt ein ausdrucksstarkes CD eine entscheidende Rolle, da diese zuerst mit dem visuellen Erscheinungsbild einen Unternehmens in Kontakt kommen, genaue Vorstellungen über das Unternehmen entwickeln – egal ob diese zutreffen oder nicht – und ihre Handlungen dementsprechend ausrichten.[69]

Häufig wird der Fokus des CIM auf CD gelegt, so dass die Begriffe CI und CD sogar oftmals fälschlicherweise synonym verwendet werden.[70] Dies lässt sich zum einen auf die große Bedeutung der Design-Periode in der historischen Entwicklung zurückführen, zum anderen wird es aber auch dadurch begründet, dass das Design relativ einfach an Externe delegiert werden kann und sich Erfolge schnell erkennen lassen. Abschließend ist festzuhalten, dass das CD die Unternehmensidentität transportiert, sie jedoch nicht kreiert.[71]

---

66   Vgl. *o. V.* (2006), S. 640ff.
67   Vgl. *Binder* (2002), S. 46.
68   Vgl. *Weinberger* (2010), S. 55.
69   Vgl. *Lenzen* (1996), S. 80f.
70   Vgl. *o. V.* (2005), S. 14.
71   Vgl. *Herbst* (2009), S. 59f.

CI – Status Quo und Trends

Als Ergänzung zur theoretischen Sichtweise thematisiert dieser Abschnitt die tatsächliche Situation von CI aus der Sicht der Unternehmenspraxis. Zu diesem Zweck wurden im Zeitraum vom 25. Januar bis 11. Februar 2011 17 Interviews mit Experten aus CI/CD-Agenturen geführt. Aufbauend auf den Erkenntnissen dieser Befragung wird im Folgenden die aktuelle Situation und Bedeutung von CI sowie die größten Herausforderungen in der Praxis erörtert. Schließlich werden Trends und denkbare Zukunftsentwicklungen im Bereich CI herausgearbeitet.

Aktuelle Situation in der Praxis

Alle Experten stimmen zu, dass CI – sprich eine starke, einzigartige Unternehmensidentität bzw. Markenidentität – in der heutigen Zeit eine wichtige Rolle spielt. „Das Thema der Identität ist viel wichtiger geworden. Entscheidend ist, welche Meinung die Kunden über das gesamte Unternehmen haben. Ein unverwechselbarer Auftritt ist hierbei ein wesentlicher Baustein."[72] Auch hinsichtlich der externen sowie internen Auswirkungen sind sich die Experten einig: Da sich Produkte in technischer Hinsicht ähneln und leicht austauschbar sind, wird ein profilierter Auftritt benötigt, um sich von der Konkurrenz zu differenzieren. CI ist folglich ein wichtiges Unterscheidungsmerkmal. Nur durch die Vereinfachung eines komplexen Unternehmens, eine klare Positionierung, eine klare Botschaft und die Darstellung wesentlicher Werte ist Erkennbarkeit in allen Kontaktpunkten gewährleistet. Ein ansprechendes und attraktives Unternehmen schafft somit Orientierung, was dazu führt, dass sich die Konsumenten leichter entscheiden können. Dabei ist CI ein „zentraler Differenzierungspunkt auf dem Markt, so dass das Bild, das die Menschen von einem Unternehmen im Kopf haben, mit zu dem wichtigsten und wertvollsten Gut eines Unternehmens zählt"[73]. Somit ist

---

[72] Interview mit *Mike Fuisz*, Geschäftsführer von *moodley brand identity GmbH*.

[73] Interview mit *Andreas Heim*, Geschäftsführer & Gesellschafter von *Brandoffice GmbH*.

„das Fremdbild [...] entscheidend und macht die Bedeutung von CI aus"[74].

CI wirkt als Entscheidungshilfe der Reizüberflutung entgegen und liefert Orientierung. Durch immer dasselbe Markenversprechen wird nicht nur eine gewisse Nachfrage gesichert, sondern auch eine Identifizierung mit dem Unternehmen ermöglicht. Folge ist eine Verbindung zum Kunden und der Aufbau von Vertrauen. Dadurch, dass der Auftritt nicht immer wieder neu erfunden werden muss und Nachfrage auf Basis von Vertrauen gewährleistet ist, wird außerdem Effizienz und Sicherheit für das Unternehmen geschaffen.

„Was von innen nicht brennt, kann von außen nicht leuchten."[75] Die Identität muss jedoch erst im Unternehmen kommuniziert und intern verstanden werden, bevor die Identität nach außen getragen werden kann. Denn nur, was von innen kommt und intern gelebt wird, kann auch extern verstanden werden. CI verkörpert, wofür das Unternehmen steht, berücksichtigt eine Vision, eine Zielvorstellung und manifestiert Werteparameter, die für das Unternehmen zentral sind. Eine einheitliche Kultur und ein gewisses Werteversprechen an die Mitarbeiter erzeugt Struktur, Orientierung und Halt. Je mehr Mitarbeiter diese Kultur verinnerlichen und je mehr sie dahinter stehen, desto eher können sie diese Elemente nach außen tragen. Dadurch, dass Mitarbeiter wissen, warum ihr Arbeitgeber welche Leitsätze hat und diese Werte tagtäglich vorgelebt werden, wird das Verhalten der Mitarbeiter automatisch gesteuert. Mitarbeiter können sich mit dem Unternehmen bzw. der Marke emotional identifizieren und von der Kultur profitieren. Dadurch fühlen sie sich im Unternehmen wohl und sind stolz, für das Unternehmen zu arbeiten. Gleichzeitig wird die Zufriedenheit bei der Arbeit und das Selbstwertgefühl gesteigert. CI spielt folglich auch intern eine entscheidende Rolle.

Es gilt somit nicht nur, Kunden zu begeistern, sondern auch Mitarbeiter. Denn begeisterte Mitarbeiter werden zu Markenbotschaftern (Brand Embassadors), tragen ihre positive Meinung nach außen und sorgen

---

74   Interview mit *Werner Rudolf*, Berater von *Eclat AG*.

75   Interview mit *Julian Schäfer*, Geschäftsführer von *IDEENHAUS GmbH*.

dementsprechend für eine gute Reputation. Tatsächlich werden die internen Auswirkungen einer CI in der Realität jedoch größtenteils nicht beachtet.

Einige Experten weisen besonders auf das Thema Führungskräftemangel und die große Rolle, die CI auf dem Personalmarkt spielt, hin. „Der Kampf um gute Leute hat erst richtig begonnen."[76] Es wird immer schwieriger, qualifizierte und sozial kompetente Führungskräfte für sich zu gewinnen. Die Frage ist folglich, wie man sich als Unternehmen am besten darstellt, um gutes Personal zu akquirieren und auch zu halten. Dabei ist eine konsistente, klare CI-Strategie im Auftritt sehr relevant. Nur so können sich potenzielle Mitarbeiter mit der Identität eines Unternehmens identifizieren, als Mitarbeiter gewonnen und langfristig an das Unternehmen gebunden werden.

Die Experten sind sich einig, dass heutzutage vermehrt über CI gesprochen wird, die Bedeutung von CI gestiegen und das Thema präsenter denn je ist. Die Meinungen gehen jedoch auseinander, wenn es darum geht, inwieweit das Thema wirklich in den Unternehmen verankert ist. Zehn der 17 befragten Experten behaupten, dass, obwohl das Bewusstsein zwar größer geworden ist, Unternehmen der Bedeutung von CI jedoch noch nicht genügend Rechnung tragen. „Man ist sich bewusst, dass CI mehr als CD ist, dass eine Haltung, Werte usw. dazugehören; aber wie man es umsetzt, wie man eine Haltung kommuniziert und Werte wirklich lebt, dabei stoßen viele an ihre Grenzen."[77]

Das Thema CI ist in den meisten Fällen Aufgabe der Unternehmenskommunikation oder PR-Abteilung, die meist jedoch keine Kompetenz für eine ganzheitliche und werteorientierte Unternehmensführung vorweisen können. Dies ist jedoch eine wesentliche Voraussetzung für erfolgreiches CIM. Oft ist das Thema CI auf Geschäftsführungsebene nicht präsent. Zudem identifizieren sich in der Realität nur wenige Mitarbeiter tatsächlich mit ihrem Arbeitgeber. Grund dafür ist meistens, dass viele Mitarbeiter die Kultur, Werte und Unternehmensziele weder kennen noch verstehen. Somit kann davon ausgegangen werden, dass das

---

[76] Interview mit *Mike Fuisz*, Geschäftsführer von *moodley brand identity GmbH.*

[77] Interview mit *Jens Grefen*, Design Director von *Interbrand.*

Thema CI tatsächlich noch nicht richtig in den Unternehmen verankert ist und diesbezüglich enormes Verbesserungspotenzial besteht.

Außerdem scheinen das Verständnis und die Umsetzung von CIM auch von der Größe und Struktur der Unternehmen abhängig zu sein. Nach Meinung der Experten ist das Bewusstsein über die Wichtigkeit von CI vor allem in großen Konzernen angekommen. Familienunternehmen betreiben oftmals keinen Aufwand, sich um ihre Identität zu kümmern; sie leben ihre Werte einfach. Dagegen besitzen internationale Konzerne oft schon eigene CI-Abteilungen, die sich voll und ganz auf das Thema spezialisieren und eine erfolgreiche Umsetzung ermöglichen. Den Mittelstand hat das Thema CI jedoch noch nicht unbedingt durchdrungen.

Auf die Frage, welche Rolle CI in Unternehmen spielt, halten entsprechend zehn Experten die Unterscheidung zwischen inhabergeführten und managergeführten Unternehmen für notwendig. Bei inhabergeführten Unternehmen handelt es sich meist um kleinere Unternehmen, die oft eine viel integriertere Sichtweise besitzen und weniger systematisch an die Dinge herangehen als große, managergeführte Unternehmen. Familienunternehmen haben von Natur aus eine Identität, die stark an der Unternehmerpersönlichkeit hängt. Im Inhaber vereinen sich Philosophie und Kultur; er ist Unternehmer, lebt die Werte und vertritt sie nach innen. Werte sind selbstverständlich, werden meist mündlich weitergegeben und die Identität wird einfach gelebt. Da es in der Vergangenheit jedoch immer häufiger strategische Firmenzusammenschlüsse gab, sind klassische Familienunternehmen, die ihre Werte verkörpern, selten geworden. Häufig wechselnde Manager erschweren eine langfristige, konsistente Planung. „Der typische Unternehmer nimmt sich eher etwas zurück, der typische Manager setzt sich in Szene. Der Unternehmer verkauft sich unter seinem Wert, der Manager darüber."[78]

Knapp die Hälfte der Experten stellt fest, dass es auch heute noch zu Verwechslungen bei den Begriffen kommt und das Logo bzw. das visuelle Erscheinungsbild häufig mit der Identität eines Unternehmens

---

78 Interview mit *Manuela Stier*, Geschäftsführerin und Inhaberin von *Stier Communications AG*.

bzw. einer Marke gleichgesetzt wird. Was wirkliche Identitätsarbeit ist, wird vernachlässigt, und viele Unternehmen wissen gar nicht, welche Identität sie eigentlich besitzen. „Denn viele Unternehmen blicken nicht auf ihre eigenen Stärken, sondern eher darauf, was der Wettbewerb macht und verlieren somit ihre eigene Identität."[79] Viele Unternehmen lassen sich von schnellen Trends diktieren und entwickeln häufig ihre tatsächliche Identität nicht weiter. „Langfristigkeit im CI gibt es heute nicht mehr."[80] Somit haben Unternehmen kein Selbstbild mehr, sondern erfahren einen ständigen Soll-Ist-Abgleich, d. h. Unternehmen vergleichen ständig, wie sie sein möchten und wie sie gesehen werden. Ein Selbstverständnis und Selbstbewusstsein darüber, wer man tatsächlich ist, was die eigenen Stärken sind und worauf diese basieren, existieren jedoch im Detail oft nicht. Bisweilen fokussieren Unternehmen zu sehr darauf, wie sie sein sollten, um beim Kunden anzukommen. Die Zeit, in der Unternehmen über sich selbst reflektieren, ist gering, und die Beschäftigung mit dem Fremdbild nimmt Überhand.

„Marken durchdringen die komplette Welt. Sie sind überall um uns herum."[81] In sieben Experteninterviews wurde von Marke (Brand), Markenpersönlichkeit (Brand Identity) und Markenmanagement (Brand Management) anstelle von CI gesprochen. So sind vier Experten der Meinung, dass früher von CI gesprochen wurde, in den letzten Jahren das Thema Marke jedoch stärker ins Gespräch gekommen ist. „CI ist ein vergangenes Konzept, das von einem Branding-Verständnis abgelöst wird, das viel dynamischer ist und viel flexibler auf den Markt reagiert."[82] Nach Meinung von *Pascal Geissbühler* von *Branders* reicht es nämlich heutzutage nicht mehr aus, dass Unternehmen ihre Werte aus einer Innensicht heraus präsentieren und sich von innen nach außen definieren. Stattdessen muss vielmehr die marktorientierte Perspektive berücksichtigt und darauf eingegangen werden, welche Bedürfnisse Zielgruppen haben und welche Trends auf dem Markt existieren. Dabei

---

79   Interview mit *Betina Hubrich*, Inhaberin von *Corporate Design Management*.

80   Interview mit *Nils Schekorr*, Geschäftsführer von *Thoma+Schekorr GbR*.

81   Interview mit *Jens Grefen*, Design Director von *Interbrand*.

82   Interview mit *Pascal Geissbühler*, Strategy Director von *Branders Group AG*.

gilt die „Marke als verdichteter Ausdruck von Spitzenleistung eines Unternehmens, so dass die Marke manchmal wichtiger als das Unternehmen selbst wird"[83]. Die Marke steht in diesem Fall an erster Stelle; das Unternehmen rückt in den Hintergrund. Beim Branding wird die Markenpersönlichkeit bzw. das Selbstverständnis einer Marke im Abgleich von identitätsorientierter und marktorientierter Perspektive erarbeitet, die Innensicht und Außensicht ergänzen sich. Mit einem CI-Konzept auf Basis einer identitätsorientierten Perspektive wurde früher alles von innen bestimmt. Es war somit viel starrer und festgefahrener. Die Außensicht ändert sich jedoch mit der Zeit, so dass sich nur flexible Marken an den Markt anpassen können. Welche Markenstruktur im Unternehmen herrscht, ist Thema der Markenstrategie.

Herausforderungen in der Unternehmenspraxis

„Dort wo CI idealerweise angesiedelt sein sollte – nämlich in der Unternehmensleitung – wird es oftmals leider nur als kosmetische Extravaganz angesehen anstatt als relevanter und effizienter Treiber einer Unternehmensstrategie."[84] Grund hierfür ist das mangelnde Verständnis von CI bei Führungskräften. „Das Gelesene und das geglaubt Verstandene ist noch lange nicht das Begriffene."[85] Nicht förderlich hierbei ist die immense Komplexität, die das Thema CI mit sich bringt. Acht der befragten 17 Experten sind der Meinung, dass der Begriff zwar in den Unternehmen angekommen ist, es häufig jedoch am Verständnis und der Umsetzung mangelt. Wird ein CI-Prozess angedacht, sind sich die Unternehmen oftmals gar nicht über die tatsächlichen Hintergründe bewusst, sondern sehen nur den Wettbewerbsvorteil als ausschlaggebendes Argument. Dies stellt jedoch nur ein Scheinargument dar und verleiht nur einen kurzfristigen Vorsprung. Tatsächlich wenden sich viele Unternehmen an Agenturen mit der Anfrage zur Erstellung eines neuen

---

83 Interview mit *Julian Schäfer*, Geschäftsführer von *IDEENHAUS GmbH*.

84 Interview mit *Andreas Wilhelm*, Inhaber von *substance – brand & product identity*.

85 Interview mit *Uli Mayer-Johanssen*, Chairwoman of the Executive Board von *MetaDesign AG*.

Logos. Analysiert man die Situation aber tiefgründiger, wird schnell klar, dass das Problem meist nicht mit der Aktualisierung des Logos abgetan ist, sondern an der Identität gearbeitet werden sollte. Diese Oberflächlichkeit, das mangelnde Verständnis und der Glauben, dass CI mit CD gleichzusetzen ist, zeigen, dass Unternehmen noch nicht ausreichend über die Komplexität und das Ausmaß von CI Bescheid wissen. Um dieser Situation entgegenzuwirken, ist bereits in der Ausbildung anzusetzen, wo CI oft gar nicht oder nur in geringem Umfang im Lehrplan integriert ist. Eine Führungsnachwuchskraft kann CI später allerdings nur dann richtig umsetzen, wenn die Voraussetzungen bereits in der Ausbildung geschaffen wurden.

„Marke ist keine Verkleidung, sondern ein Maßanzug, der auf das Unternehmen zugeschnitten ist."[86] Identität kann nicht einfach aufgesetzt werden; aufgesetzte Werte erreichen die Mitarbeiter nicht. „Das größte Problem ist die Glaubwürdigkeit: Einige Unternehmen bauen Markenversprechen auf, die sie auf der Leistungsebene dann nicht halten."[87] Ein Unternehmen lebt nicht allein vom Thema Identität. Basis sind gute und authentische Produkte oder Dienstleistungen sowie eine bestehende Nachfrage. Eine Marke schärft das Bild lediglich und erleichtert den Verkauf. Die Geschäftsführung muss die Unternehmensidentität nicht nur verstehen, sondern auch vorleben. Zehn der befragten 17 Experten kritisieren, dass CI in der Realität oftmals nicht wirklich gelebt wird. Entscheidend ist die Haltung der Unternehmensleitung – ob alles authentisch und ehrlich gemeint ist. Jeder einzelne Mitarbeiter muss die Identität seines Unternehmens verstehen und leben. Bei der Umsetzung eines CI-Prozesses müssen Geschäftsführung und Führungskräfte hinter dem Projekt stehen und es vollkommen unterstützen – sonst ist Erfolg auf Dauer nicht möglich. *Julian Schäfer* von *IDEENHAUS* führt hier den Begriff „Stil-Wille" ein, der bezeichnet, ob man etwas machen muss oder ob man es wirklich will. Wenn dieser Stil-Wille fehlt, ist es schwierig, CI erfolgreich umzusetzen.

---

86 Interview mit *Christian Hanke* und *Markus Kirsch*, Design Director bzw. Senior Designer *Edenspiekermann AG*.

87 Interview mit *Josephine Röwekamp*, Senior Brand Consultant von *kleiner und bold GmbH*.

Die interne Kommunikation stellt ein weiteres grundlegendes Problem dar. Oftmals wissen Unternehmen nicht, wer für CI zuständig ist, so dass jede Abteilung ihre eigene Identität schafft. Vor allem in mittelständischen Unternehmen ist CI noch nicht verankert. Jedoch wird eine Identität nie gelebt werden können, ohne dass sie richtig im Unternehmen und in der Führungsetage verankert ist. Marketing wird meist nicht als strategisches Instrument angesehen; trotzdem ist CI oft dort angesiedelt. Die eigentlich notwendige Langfristigkeit einer CI leidet zusätzlich unter den immer häufigeren Wechseln in der Marketingleitung.

Fünf der befragten 17 Experten weisen zudem auf die stark fragmentierte Sicht von Unternehmen hin: Je größer das Unternehmen ist, desto eher besteht die Gefahr, dass eine Kluft zwischen den Abteilungen – vor allem der Marketing-, Kommunikations- und Personalabteilung – besteht. Durch das fehlende integrierte Verständnis wird ein erfolgreiches CIM erschwert oder sogar verhindert. Außerdem betrachten Unternehmen Medien oft als isolierte Botschafter ihrer Identität, aber sehen nicht, dass sie von außen holistisch wahrgenommen werden. Auf der einen Seite wird den Shareholdern berichtet, dass eine gute Rendite erzielt wird; den Mitarbeitern wird hingegen kommuniziert, dass Gehälter nicht erhöht werden können. Folge dieser zielgruppenspezifischen Kommunikation ist, dass Unternehmen von außen als gespalten wahrgenommen werden, denn Mitarbeiter sind nicht nur Mitarbeiter, sondern oft auch gleichzeitig Kunden oder Investoren. *Christian Hanke* und *Markus Kirsch* von *Edenspiekermann* benennen diesbezüglich den Kulturwandel als größtes Problem. Die Denke in Großunternehmen steht ihrer Meinung nach im Widerspruch zu geeigneten Kommunikationsformen. Beispielsweise braucht es häufig unzählige Freigaben für nur einen zu veröffentlichenden Artikel im Intranet, was den Prozess extrem verlangsamt und schnelle Reaktionen unmöglich macht. Strukturen, die weder zweckmäßig sind noch aus Sicht der Kunden verstanden werden, verstärken dieses Problem. Vielen Unternehmen fällt es schwer, sich auf Transparenz einzulassen sowie Kommunikationsprokura zu verteilen. Sie bleiben in ihrem Sicherheitsdenken verhaftet. Dieses Denken aufzubrechen gilt als die größte Herausforderung. Folglich ist ein Wandel nötig, der die bisherige Unternehmenskultur völlig auf den Kopf stellt. Es gilt, Mitarbeiter als echte Markenbotschafter ernst zu nehmen.

Nach Meinung von vier der befragten 17 Experten scheinen viele Unternehmen gar kein Selbstbild mehr zu haben. Unternehmen entfremden, Manager bringen weniger eigene Identität mit und die Identität von Unternehmen mit Unternehmern geht verloren. Unternehmen werden zusätzlich durch Globalisierung und wachsenden Konkurrenzdruck verunsichert und sind sich ihrer eigenen Position nicht mehr bewusst. Gleichzeitig können viele Unternehmen ihr Bild weder richtig erkennen noch kommunizieren, so dass sich ihre Identität einfach von alleine wahllos weiterentwickelt. Dabei wird die Chance verpasst, strategisch zu kommunizieren und das Image gezielt zu steuern.

Sieben der befragten 17 Experten sind der Meinung, dass viele Unternehmen das Investment in ihre Identität scheuen und dies der Grund ist, wieso Unternehmen kein professionelles CIM umsetzen. Heutzutage hat man es immer häufiger mit Managern und nicht mit Unternehmern zu tun. Diese denken oft nur quartalsweise, sind auf kurzfristige Erfolge aus, basieren ihre Entscheidungen auf Finanzkennzahlen und sind vom Markt, von Wachstumsprognosen sowie Rankings der Rating-Agenturen getrieben. Da sich Investitionen ins CIM zum einen erst nach mehreren Jahren auszahlen und die Erfolge des CIM zum anderen nur schwer zu messen sind, scheuen viele Manager längerfristige Investitionen ins CIM.

Von 13 der 17 befragten Experten wird das Thema Kurzfristigkeit als Problem genannt. „Häufige Managementwechsel verhindern meist die notwendige Konsistenz in der Markenführung."[88] Sich schnell verändernde Märkte und der enorme Handlungsdruck bedingen schnelle Aktionen und kaum ausgereifte Entscheidungen. Produkte kommen häufig zu schnell auf den Markt, was wiederum zu geringer Kontinuität im Gesamtbild führt. Schlechtes Markenmanagement wirkt sich negativ auf die Produkte aus und schwächt diese. Manager denken eher ergebnis- anstatt lösungsorientiert. Starke Marken können freilich nur über lange Zeit und durch konstante Aussagen aufgebaut werden. Außerdem gelingt die Herausforderung eines Spagates zwischen Konsistenz und Flexibilität, vor allem in Anbetracht der unzähligen

---

[88] Interview mit *Mike Fuisz*, Geschäftsführer von *moodley brand identity GmbH*.

neuen Möglichkeiten auf neuen Kanälen zu kommunizieren, nicht jedem. Nach *Josephine Röwekamp* von *kleiner und bold* darf man allerdings nicht immer Managern die Schuld in die Schuhe schieben. Ganz im Gegenteil. Ihrer Meinung nach sind Manager offen für das Thema CI. Obwohl viele Agenturen neuerdings CI in ihr Leistungsangebot aufnehmen, bedeutet das nicht, dass sie auch die Kompetenz dafür besitzen. Oftmals wird der Implementierungsprozess nicht genug von den Agenturen betreut. „Werbeagenturen haben das Design entworfen und die Kunden damit später oft allein gelassen."[89] Die Agentur besitzt jedoch nicht nur eine Aufklärungspflicht und die Pflicht, Kunden nicht mit ausgearbeiteten Konzepten alleine zu lassen, sondern im besten Fall Kunden während der gesamten Implementierungsphase zu unterstützen und auch ihnen noch danach zur Seite zu stehen.

Entwicklungslinien

Mehr als drei Viertel der Experten sind der Meinung, dass das Thema CI in Zukunft an Bedeutung gewinnen wird. „Besonders hinsichtlich der zunehmend komplexer werdenden Medienwelt wird eine bewusste und gezielte Identitätsarbeit noch wichtiger werden."[90] Investitionen in die Identifikation der Marke sowie in das Image der Unternehmensmarke werden folglich steigen. Gleichzeitig hängen die Entscheidungen stark mit den Budgets zusammen, so dass Investitionen ins CI zu einer Frage der Finanzierbarkeit werden.

In fast allen Experteninterviews kam das Thema der digitalen Medienrevolution zur Sprache. „Kommunikation war noch nie so bedeutend wie heute. Man kann nicht mehr von einzelnen Medien und Mitteln reden, sondern von einer integralen, transmedialen Kommunikation."[91] Nur eine Kommunikation auf allen Kanälen in allen Medien führt zu entsprechenden Resultaten wie Profil, Reputation, Absatz und Umsatz. Dabei müssen alle Ausdrucksmomente einer Philosophie unterstellt

---

89 Interview mit *Josephine Röwekamp*, Senior Brand Consultant von *kleiner und bold GmbH*.

90 Interview mit *Peter Vetter*, Inhaber von *Coande. Communication and Design*.

91 Interview mit *Peter Vetter*, Inhaber von *Coande. Communication and Design*.

sein, so dass das gesamte Unternehmensbild in sich stimmig ist. Ein nachhaltiges Identitätskonzept bietet hierbei klare Grundlagen für einen einheitlichen Ansatz und bildet die Basis für alle kommunikativen Maßnahmen.

Im digitalen Zeitalter herrschen rasante Geschwindigkeiten und ständige Veränderungen vor. Medien konvergieren immer mehr, Print und Web verschmelzen und neue Möglichkeiten entstehen. Das Potenzial, eine Identität zu vermitteln, ist hierbei noch nicht ausgeschöpft. Kunden werden emanzipierter und Manager sind mit dieser Situation häufig überfordert. Unternehmensidentitäten müssen notwendigerweise flexibler sein. Die Anforderungen an eine Marke werden zunehmend komplexer. Der notwendigen Flexibilität Rechnung zu tragen und gleichzeitig eine einheitliche Kommunikation zu wahren, gilt demnach als große Herausforderung der Zukunft. Wichtig dabei ist, ein zentrales Konzept der Kommunikation zu besitzen, d. h. festzusetzen, was man mitteilen möchte, mit wem und wie oft. Eine zentrale Steuerung erleichtert hierbei die Verwaltung der Inhalte und eine einheitliche Verbreitung auf verschiedenen Kanälen.

Der Umgang mit sozialen Netzwerken ist aktuell und wird es auch bleiben – die große Herausforderung der Zukunft. Unternehmen sind stark verunsichert, wenn es um den Umgang mit sozialen Netzwerken geht, haben teilweise sogar Angst vor der Transparenz und wissen nicht, wie man darauf reagiert; denn entziehen können sie sich dem Thema schlecht. Unternehmen müssen in Zukunft jedoch lernen, mit den vielfältigen Instrumenten umzugehen. „Das klassische Absender-Empfänger-Modell gibt es nicht mehr."[92] Vor fünf Jahren war das Sprachrohr eines Unternehmens stark gefiltert: Man besaß eine Homepage, entwarf eine Broschüre und warb vielleicht in einem TV-Spot. Heute existiert die Absender-Steuerung nicht mehr; Unternehmen haben Angst vor dem Kontrollverlust. Es entsteht eine ganz neue und ungewohnte Art, mit Kunden zu kommunizieren – nämlich auf Augenhöhe. Unternehmen wissen nicht mehr, wer der Empfänger ist, zu welchem Zeitpunkt oder in welcher Situation der Empfänger auf die Inhalte trifft und wer

---

92   Interview mit *Martin Summ*, Creative Director von *Kochan & Partner*.

sich mit wem über was unterhält. Dabei sind die Erwartungen an Unternehmen deutlich gestiegen. Produkte sind nicht mehr nur Bedürfnis-Befriediger. Von Unternehmen wird verlangt, auch in anderen Bereichen eine Meinung zu vertreten. Dieser Druck wird auch in Zukunft immer stärker.

Die Frage dabei ist, wie die Web-Präsenz eines Unternehmens aussieht. Welcher Eindruck entsteht durch die Bilderwelt im Internet über ein Unternehmen? Wie steuern Unternehmen Wahrnehmungsebenen, die nicht in direktem Zusammenhang mit ihnen stehen, aber im Netz existieren? Wie gehen Unternehmen mit Empfehlungsmarketing im Social-Media-Bereich um? Viele Konsumenten informieren sich z. B. kaum mehr auf den Websites der Unternehmen, sondern nur noch über soziale Netzwerke. In Zeiten, in denen Blogger und Twitter-Accounts mehr Authentizität haben als die Pressestelle, sind Veränderungen dringend nötig. Eine Kommunikation auf Augenhöhe wird immer wichtiger und auch die Grenzen zwischen interner und externer Kommunikation werden verwischen. Inhalte werden ohne Absender zur Verfügung gestellt, die Verteilungshoheit wird aufgegeben und die Benutzer entscheiden selbst, wie sie Informationen verbreiten. Dadurch werden Benutzer zu viel glaubhafteren Absendern, und die Inhalte gewinnen an Hoheit. Entscheidend ist, dass Unternehmen den Zielgruppen nichts mehr aufdrängen, sondern dem Kunden nur das bieten, was ihn wirklich interessiert. Sättigung und Überforderung sind Folge der Informationsflut. Dem gegenüber steht, nur solche Inhalte zur Verfügung zu stellen, die wirklich relevant für den Kunden sind. Ohne ihn zu bedrängen, wird dem Kunden ein positives Erlebnis mit der Marke ermöglicht. Enorm wichtig im Zuge dessen werden Meinungsführer, so genannte Opinion Leader, für Marken und Unternehmen. Diese prägen die Gesellschaft durch ihre Meinung und wirken als Multiplikatoren. Demnach wird es in Zukunft für Unternehmen unerlässlich, die Debatte auf Facebook, Blogs und Twitter mitzubestimmen und sich offensiv auf den Dialog mit dem Kunden einzulassen.

Neben der Kommunikation mit den Kunden dürfen die eigenen Mitarbeiter nicht vergessen werden. Heutzutage agiert jeder Einzelne als Sprecher seiner Marke bzw. seines Unternehmens. Eine notwendige

Entwicklung ist folglich, Mitarbeiter als Markenbotschafter ernst zu nehmen. Bisher sind sich viele Unternehmen dieser Funktion ihrer Mitarbeiter noch nicht bewusst. Eine wichtige Aufgabe der Kommunikation wird somit die Integration und maximale Identifikation der Mitarbeiter mit dem Unternehmen darstellen. Dies geschieht beispielsweise mithilfe von Workshops, in denen Werte und Haltungen erlebbar gemacht und in die tägliche Praxis integriert werden. Optimalerweise spürt jeder einzelne Mitarbeiter die Identität seines Unternehmens und vermittelt diese glaubhaft an sein Umfeld. Somit werden Spezialthemen wie Internal Branding – die interne Verankerung der Marke – und Employer Branding – die Positionierung des Unternehmens auf dem Arbeitsmarkt – in Zukunft immer wichtiger.

Fünf der befragten 17 Experten sind der Meinung, dass sich die Zukunft in Richtung Brand Identity bzw. Branding entwickeln wird. Das Potenzial in diesem Bereich ist aktuell bei weitem noch nicht ausgeschöpft. Die Tatsache, dass viele Werbe- und Marketingagenturen eigene CI- bzw. Branding-Einheiten oder Tochtergesellschaften gründen, bekräftigt die Zunahme der Bedeutung dieses Themas.[93] In Zukunft werden die Kunden entscheiden, welchen Marken und welchen Unternehmen es gut gehen wird. Das bedeutet, dass der Markt Unternehmen dazu zwingen wird, starke Marken zu positionieren, um in jeglicher Hinsicht Attraktivität für den Kunden zu verkörpern. Auf lange Sicht gesehen, wird sich der Markt folglich von selbst regulieren. Dabei spielt natürlich nicht nur CI bzw. Branding eine Rolle, sondern auch, dass Produkte halten, was sie versprechen, dass die Qualität und das gesamte Erlebnis stimmt. Wenn alle Komponenten übereinstimmen, dann wird das Unternehmen bzw. die Marke erfolgreich sein. Analog zur oben beschriebenen Entwicklung hinsichtlich Social Media ist die Diskussion ebenso auf das Thema Marke anzuwenden. Der inhaltliche Aspekt wird wichtiger, ebenso die Frage, wie man eine Marke richtig inszeniert. Dabei wird CIM bzw. Branding als Gesamtpaket angesehen und immer weniger zwischen den einzelnen Disziplinen CB, CC und CD unterschieden.

---

93   Vgl. *Wurm* (2004), S. 33.

Der Trend bezüglich der Markenstruktur in Unternehmen wird sein, dass sich Markenportfolios konsolidieren und sich die Menge der geführten Marken reduziert. Es wird eine Konzentration auf starke Marken geben, um die Komplexität für Kunden sowie Kosten zu reduzieren, um im Gegensatz dazu die Effizienz der Markenführung zu erhöhen. Daher gilt „die Definition einer klaren Markenpersönlichkeit [...] heutzutage und auch in Zukunft als Erfolgsfaktor. Gerade in Zeiten der Unsicherheit [...] wird ein klares Selbstverständnis, definiert in einer klaren Markenpersönlichkeit, benötigt"[94]. Branding als effizientes und nachhaltiges Führungsinstrument ermöglicht es, Identität zu vermitteln. Die Bedeutung einer Brand Identity wird in Zukunft folglich zunehmen, besonders aufgrund der Tatsache, dass die Identifikation der Mitarbeiter mit dem Arbeitgeber abnimmt und die Bindung von qualifizierten Arbeitskräften zur Herausforderung wird.

Zwei der befragten 17 Experten nannten den Wertewandel, der bereits aktuell zu erkennen ist, als weitere Zukunftsentwicklung. Als Antwort auf die schnelllebige Welt kehren bereits heute viele Menschen zu alten Werten wie Vertrauen, Zuverlässigkeit und Sicherheit zurück. Konsumenten sehnen sich geradezu nach Konstanz und Werten, mit denen sie sich identifizieren können. Unternehmen müssen sich darüber bewusst werden, dass sie den Konsumenten die Werte bieten können, nach denen sie suchen. Themen wie Nachhaltigkeit, Umweltbewusstsein und soziales Engagement werden bisher noch viel zu wenig behandelt und oft nur vordergründig und aus Gewissensgründen thematisiert. Aber gerade in diesem Bereich ist das Potenzial groß. Unternehmen sollten daher das Thema Nachhaltigkeit bezogen auf die Umwelt und soziale Gebiete tatsächlich und konkret als Teil eines Wirkungskreises integrieren und in ihrer Identität verankern.

„Das Internet ist schön und gut, aber es ist nicht wirklich sinnlich."[95] Acht der befragten 17 Experten sind der Meinung, dass Multisensorik in Zukunft ein wichtiges Thema wird. Mithilfe von Sinneseindrücken kann

---

94   Interview mit *Pascal Geissbühler*, Strategy Director von *Branders Group AG*.

95   Interview mit *Manuela Stier*, Geschäftsführerin und Inhaberin von *Stier Communications AG*.

man sich Dinge besser merken. Marken und Unternehmen werden erlebbar gemacht. Je mehr Reize für Konsumenten erinnerbar sind, desto höher wird die Loyalität zur Marke. Daher wird in Zukunft der Versuch unternommen, so viele Sinne wie möglich anzusprechen. Die Frage jedoch, ob sich Multisensorik durchsetzen wird, weil es nur beschränkt auf bestimmte Produkte und Branchen angewendet werden kann, bleibt bestehen. Die verkaufsfördernde Wirkung von Akustik ist in den Unternehmen bekannt, so dass Sound-Logos bereits in den letzten Jahren immer mehr an Bedeutung gewonnen haben.[96] In Österreich ist der Geruchssinn als Mittel zur Sinnesansprache im Retail zum Teil schon etabliert. Vor allem in bestimmten Branchen wie Automobil, Hotellerie und in Krankenhäusern wird Geruch auch in Zukunft eine große Rolle spielen und vermehrt am POS eingesetzt werden. Das Potenzial in diesem Bereich ist längst noch nicht ausgeschöpft, so dass sich Unternehmen in Zukunft vermehrt mit der Frage auseinandersetzen werden, wie eigentlich der Geruch ihrer Marke ist. Der Großteil aller Reize wird über Augen und Ohren wahrgenommen. Trotz der zunehmenden Nutzung des Internets werden dennoch Broschüren und andere gedruckte Unterlagen für das taktile Erlebnis benötigt. Nach *Julian Schäfer* von *IDEENHAUS* wird der Bereich Haptik aktuell unterschätzt. Da Menschen aber den ganzen Tag fühlen und der Tastsinn als ein bedeutender Sinn nicht vernachlässigt werden sollte, sprechen vier Experten der Haptik in Zukunft eine größere Bedeutung zu. Unterscheidungsmerkmale können z. B. durch die Verwendung hochwertiger, besonderer Materialien erzielt werden. Beim Anfassen und Fühlen von Sachen können Zielgruppen das Unternehmen besser greifen. Als weiterer Zukunftstrend wurde von drei Experten die Tendenz zum Dreidimensionalen genannt. Die Marke im Raum wird künftig immer wichtiger.

Hinsichtlich der Entwicklung auf Seite der Agenturen ist festzustellen, dass diese vielseitiger werden. Sie müssen sich mit mehr Medien auseinandersetzen, sich die notwendigen Fähigkeiten dafür erarbeiten und gleichzeitig Kreativität beibehalten. Dagegen sollten Unternehmen

---

96   Vgl. o. V. (2004), S. 80.

dazu befähigt sein, ihre Identität selbst zu steuern. Alles sollte so klar strukturiert sein, dass auch andere Agenturen sowie eigene Mitarbeiter an der Weiterentwicklung der Identität arbeiten können und dies nicht unbedingt von nur einer Agentur umgesetzt werden kann. Einig waren sich die Experten, als es um die Dauer der Betreuung eines Auftrages im Bereich CI ging. Eine Werbeagentur kann schnell gewechselt werden, nicht jedoch eine CI- bzw. Branding-Agentur. Da höchste Kontinuität bei der Markenentwicklung eine ganz entscheidende Rolle spielt, wird eine langfristige Betreuung fast unumgänglich. Ein CI-Projekt kann nämlich nicht wie eine Werbekampagne einfach abgeschlossen werden, sondern hier geht es um die ständige Weiterentwicklung der Identität.

Handlungsempfehlungen

„Überreden war lange Zeit schicker als Verstehen."[97] Neun der befragten 17 Experten geben die Empfehlung, sich als Unternehmen intensiv mit dem Thema CI zu beschäftigen und auseinanderzusetzen. Denn nur, wenn man das Wesentliche verstanden hat, ist es möglich, die Komplexität der Dinge zu durchschauen. Dazu gehört auch, sich seiner Unternehmensidentität bewusst zu sein und zu erkennen, was man damit erreichen kann. Die Vorteile und Ziele einer effizienten Markenführung sollten gleich zu Beginn eines CI-Prozesses aufgezeigt werden. Außerdem muss Verständnis für die Vielfältigkeit des Themas aufgezeigt sowie das Bewusstsein geschaffen werden, dass Marke als Erlebnis viel mehr als das Erscheinungsbild ist.

Des Weiteren muss geklärt werden, wer für das Thema zuständig ist und wer die Verantwortung trägt. Vor allem das Management muss sich über die Bedeutung von CI bewusst sein. Am wichtigsten ist es, gemeinsame Ziele und ein gemeinsames Zukunftsbild zu haben. Dabei soll beantwortet werden, wohin das Unternehmen gehen will, mit welcher Leistung und mit welchem Einsatz. Daraus folgt, wie das Unternehmen wahrgenommen werden möchte. Zudem muss das Thema CI ganz oben auf der Agenda und über allen anderen Abteilungen stehen. Dies bedeutet

---

97 Interview mit *Uli Mayer-Johanssen*, Chairwoman of the Executive Board von *MetaDesign AG*.

einen höheren Koordinationsbedarf sowie die Professionalisierung der Kommunikationsfachleute.

Entscheidend für zehn der befragten 17 Experten ist, dass die Identität im Unternehmen auch wirklich gelebt wird. Führungskräfte müssen Werte verinnerlichen, „Do's" und „Dont's" vorleben, Identität ins Unternehmen tragen und alle Mitarbeiter einbinden. Dabei ist nicht entscheidend, ob alles niedergeschrieben ist. Am besten wird ein integriertes Team erstellt, in dem alle Abteilungen vertreten sind und auch die Geschäftsleitung involviert ist, denn eine Identität kann nicht von außen oder von oben aufgezwungen werden. Ergebnisse müssen so konkret und nachvollziehbar wie möglich sein. Zugleich werden Entscheidungskraft und Mut benötigt. Branding ist kein demokratischer Prozess, sondern es braucht Personen, die Entscheidungen treffen, umsetzen und auch vorleben.

Eine weitere Eigenschaft, die Unternehmen nach Meinung von acht der befragten 17 Experten mitbringen sollten, ist Geduld und Ausdauer. CI ist kein Quick Win, sondern ein langfristiger Prozess. „Was heute bearbeitet wird, kann morgen noch keine Früchte tragen."[98] Ergebnisse und Erfolge werden nicht von heute auf morgen sichtbar, sondern erst nach einer gewissen Zeit. Es macht somit Sinn, seine Strategie langfristig zu verfolgen, sein Verhalten nicht sprunghaft zu verändern, sondern sich stets – nachvollziehbar für den Kunden – weiterzuentwickeln. Nur so kann Qualität und Kontinuität gewahrt werden.

In Zeiten der Globalisierung, wo Märkte ihre Individualität zu verlieren scheinen, gilt es als Herausforderung, mit unterschiedlichen Kulturen umzugehen. Unternehmen müssen in Zukunft sensibler mit diesem Thema umgehen. Symbole besitzen in verschiedenen Kulturen häufig komplett andere Bedeutungen. Unternehmen müssen künftig mehr auf regionale Eigenheiten eingehen. Neue kommunikative Möglichkeiten helfen dabei, individueller zu kommunizieren. Wichtig ist, seine eigene Identität zu vertreten sowie die Umgangsformen einer anderen Kultur zu verstehen und korrekt anzuwenden.

---

[98] Interview mit *Dominika Hasse*, Geschäftsführerin und Inhaberin von *Plex GmbH*.

Sechs der 17 befragten Experten sind der Meinung, dass es von großer Bedeutung ist, mit welcher Agentur zusammengearbeitet wird. Diese Entscheidung sollte wohlüberlegt getroffen werden. Pitches sind hier fehl am Platz. Es ist nämlich widersprüchlich, für ein CI-Projekt zu pitchen, da die Vermittlung innerer Werte und die benötigte partnerschaftliche Zusammenarbeit zwischen Agentur und Unternehmen gerade bei einem Pitch nicht gewährleistet sind. Bei einem CI-Prozess geht es jedoch um Partnerschaftlichkeit. Die Agentur alleine kann den CI-Prozess nicht bewerkstelligen. Die Mitarbeit seitens des Unternehmens wird benötigt, denn nur das Unternehmen selbst kennt die Probleme und weiß am besten über Werte und Einstellungen Bescheid. Dabei spielt auch Kommunikation eine große Rolle. Kunden haben oft Schwierigkeiten sich auszudrücken und das zu vermitteln, was sie wirklich meinen. Nur eine kompetente Agentur, die auch zwischen den Zeilen lesen kann, Menschenkenntnis besitzt, emotional mit ihren Kunden verbunden ist und auf Augenhöhe mit dem Unternehmen agiert, ist dieser Herausforderung gewachsen.

Schlussbetrachtung

Ziel des vorliegenden Beitrags war es, den aktuellen Forschungsstand zum Thema CI darzustellen, um zwischen theoretischer Ausgangslage und tatsächlicher Situation in der Praxis vergleichen sowie die aktuelle Bedeutung von CI beurteilen zu können. Ergebnis war sowohl aus theoretischer Sicht als auch aus praktischer Erfahrung der Experten, dass eine klare, einzigartige Unternehmensidentität extern sowie intern eine entscheidende Rolle spielt und einen wichtigen Erfolgsfaktor darstellt. Nach außen hin hat ein positives Image vor allem zur Folge, dass Konsumenten das Unternehmen erkennen und von der Konkurrenz unterscheiden können sowie dessen Produkte oder Dienstleistungen bevorzugen. Entscheidend ist ein positives Image außerdem hinsichtlich des Themas Führungskräftemangel. Denn hochqualifizierte Mitarbeiter werden in Zukunft immer begehrter, so dass es einen großen Vorteil darstellt, als angesehener Arbeitgeber zu gelten. Durch ein erfolgreiches CIM wird intern das Gemeinschaftsgefühl erhöht, Mitarbeiter können sich mit dem Unternehmen identifizieren, fühlen sich wohl und verhalten sich gegenüber ihrem Arbeitgeber eher loyal. Des Weiteren werden zufriedene Mitarbeiter und begeisterte Kunden zu Markenbotschaftern, was sich wiederum positiv auf das Image und den Erfolg auswirkt.

In der Praxis ist das Thema CI durchaus präsent und wird als bedeutsam eingeschätzt, jedoch hapert es häufig noch an der Umsetzung. Ein grundlegendes Problem scheint das Verständnis des komplexen Themas CI darzustellen und dass die Begriffe CD und CI häufig noch gleichbedeutend verwendet werden. Neben mangelndem Verständnis sind sich Unternehmen zudem teilweise ihrer eigenen Identität nicht bewusst, so dass ein nicht vorhandenes Selbstbild auch nicht gelebt werden kann. Zum einen verhindern somit interne Probleme und Strukturen eine optimale Umsetzung von CI, zum anderen kurzfristiges Erfolgsdenken. Oftmals scheuen Unternehmen langfristige Investitionen ins CI, da es sich um ein schlecht greifbares und schwer messbares Thema handelt. Aber auch auf Seiten externer Dienstleister ist nicht immer ausreichend Kompetenz zur Bearbeitung eines CI-Prozesses vorhanden.

Es ist festzuhalten, dass das Thema CI auch zukünftig an Bedeutung gewinnen wird. Dabei entwickelt sich die Zukunft vor allem in Richtung Brand Identity bzw. Branding, denn Marken – egal ob Produkt- oder Unternehmensmarken – rücken stärker in den Vordergrund. Der Umgang mit neuen Medien und die Kommunikation auf verschiedensten Kanälen werden in Zukunft zur großen Herausforderung. Es gilt, gleichzeitig flexibel und konsistent zu sein, um ein einheitliches und zeitgemäßes Bild zu gewährleisten. Unternehmen werden sich den neuen Anforderungen stellen und mit der Kommunikation auf sozialen Netzwerken, Blogs usw. vertraut machen müssen. Nur wer sich von alten Strukturen und Denkmustern löst, sich intensiv mit dem Thema CI auseinandersetzt und offen für Neues ist, wird dieser Herausforderung in Zukunft gewachsen sein.

Literatur

Aglas, J. (2010): Corporate Identity. Unverwechselbar. In: SteuerConsultant, 1/10, S. 39.

Benesch, T./Sperl, M. (2005): Corporate Identity Online – Theorien, Vorgehensmethodiken, Fallbeispiele, Bern.

Binder, R. (2002): Brand Identity. Bauen als Markenkommunikation. In: HORIZONT, Nr. 46, S. 46.

Birkigt, K./Stadler, M. M. (2002): Corporate Identity – Grundlagen. In: *Birkigt, K./Stadler, M. M./Funck, H. J.* (Hrsg.): Corporate Identity – Grundlagen, Funktionen, Fallbeispiele, 11., überarbeitete und aktualisierte Aufl., Lansberg am Lech, S. 11-61.

Glöckler, T. (1995): Strategische Erfolgspotentiale durch Corporate Identity – Aufbau und Nutzung, Wiesbaden.

Gutjahr, G./Keller, I. (1998): Corporate Identity – Meinung und Wirkung. In: *Birkigt, K./Stadler, M. M./Funck, H. J.* (Hrsg.): Corporate Identity – Grundlagen, Funktionen, Fallbeispiele, 9., völlig überarbeitete Aufl., Lansberg am Lech, S. 77-96.

Herbst, D. (2009): Das professionelle 1x1: Corporate Identity – Aufbau einer einzigartigen Unternehmensidentität. Leitbild und Unternehmenskultur. Image messen, gestalten und überprüfen, 4. Aufl., München.

Homburg, Chr./Krohmer, H. (2009): Marketingmanagement. Strategie – Instrumente – Umsetzung – Unternehmensführung, 3. überarbeitete und erweiterte Aufl., Wisbaden.

Kleinfeld, K. (1992): Das Corporate Identity Konzept unter dem Gesichtspunkt strategischer Unternehmensführung, Würzburg.

Lenzen, A. (1996): Corporate Identity in Banken – Wie sich Unternehmenskultur in Rendite verwandelt, Wiesbaden.

Markenverband/GfK/Serviceplan (2006): Umfassende Studie über die Ursachen von Produktflops bei Fast Moving Consumer Goods. 70 Prozent Innovationsflops – Das vermeidbare Fehlinvestment von 10 Milliarden Euro im Jahr, München, 20.04.2006.

o. V. (2004): Corporate Identity. Gute Noten, gutes Klima. In: WirtschaftsWoche, Nr. 13, S. 80.

o. V. (2005): Corporate Identity ist mehr als einheitliche Praxisgestaltung. In: Ärzte Zeitung (Hrsg.), Nr. 65, 12.04.2005, S. 14.

o. V. (2006): Mehr als reine Formfrage. Mitarbeiterkleidung und Corporate Identity. In: Arbeit und Arbeitsrecht – die Zeitschrift für den Personal-Profi, 11/06, S. 640-643.

Peymani, B. (2010): Titelthema – Corporate Identity. Tapetenwechsel. In: acquisa, 12/2010, S. 16-21.

Rennhak, C. (Hrsg.) (2006): Herausforderung Kundenbindung, Wiesbaden.

Rinne, S./Rennhak, C. (2006): Information Overload – Der Zwang neue Wege in der Kommunikation zu gehen. In: *Rennhak, C.* (Hrsg.): Unternehmenskommunikation 2.0 – Neue Wege im Marketing, Stuttgart, S. 51-68.

Schau, M. (1998): Corporate Identity durch die Einbeziehung von Zielvereinbarungen im Rahmen der Personalentwicklung. Eine empirische Untersuchung. In: Europäische Hochschulschriften, Reihe V, Volks- und Betriebswirtschaft, Bd. 2315, Frankfurt am Main.

Schmidt, K. (1996): CI bildet das Rückgrat der Brand Identity – Vom engen Beziehungsgeflecht der Corporate Identity eines Unternehmens und der Brand Identity einer Marke. In: HORIZONT, Nr. 21, S. 28.

Stankowski, A. (2002): Das visuelle Erscheinungsbild der Corporate Identity. In: *Birkigt, K./Stadler, M. M./Funck, H. J.* (Hrsg.): Corporate Identity – Grundlagen, Funktionen, Fallbeispiele, 11., überarbeitete und aktualisierte Aufl., Lansberg am Lech, S. 191-206.

Suvatjis, J. Y./de Chernatony, L. (2005): Corporate Identity Modelling: A Review and Presentation of a New Multi-dimensional Model. In: Journal of Marketing Management, Vol. 21, S. 809-834.

Trux, W. (2002): Unternehmensidentität, Unternehmenspolitik und öffentliche Meinung. In: *Birkigt, K./Stadler, M. M./Funck, H. J.* (Hrsg.): Corporate Identity – Grundlagen, Funktionen, Fallbeispiele, 11., überarbeitete und aktualisierte Aufl., Lansberg am Lech, S. 65-74.

Weinberger, A. (2010): Corporate Identity – Großer Auftritt für kleine Unternehmen. Mit der VIVA-Formel zum Erfolg: Vision – Identität – Verhalten – Außendarstellung, München.

Wiedmann, K.-P. (2001): Corporate Identity und Corporate Branding – Skizzen zu einem integrierten Managementkonzept. In: THEXIS, 4/2011, S. 17-22.

Wurm, F. (2004): Buhlen um Brandingstrategen. Werbeagenturen setzen auf Corporate Identity. In: HORIZONT, Nr. 43, S. 33.

Autoren

Amparo Galiñanes García ist seit April 2005 im Bereich Marketing & Vertrieb bei *O2 Germany* tätig. Nach dem Studium der „European Studies and German Language" an der Universität Manchester, Großbritannien, und an der Universität Heidelberg studierte sie BWL an der Munich Business School.

Daniel Kelm studiert Business & Process Management an der ESB Business School Reutlingen in Kooperation mit dem IT-Unternehmen *Hewlett-Packard GmbH*. Im Unternehmen ist er seit 2007 in Deutschland, Österreich und der Schweiz im Bereich Marketing und Vertrieb tätig.

Tobias Kesting ist seit September 2007 als wissenschaftlicher Mitarbeiter am Forschungs- und Entwicklungsschwerpunkt Science-to-Business Marketing sowie als Lehrkraft für besondere Aufgaben (Lehrgebiet Marketing) im Fachbereich Wirtschaft an der Fachhochschule Münster tätig. Er hat von 2001 bis 2007 an der ESB Business School der Hochschule Reutlingen Außenwirtschaft und International Business Development mit den Abschlüssen Diplom-Betriebswirt und MBA studiert. Seine Forschungsinteressen sind Wissens- und Technologietransfer, Forschungskommunikation, Dienstleistungsmarketing und Marktsegmentierung. Er ist Autor und Herausgeber von Büchern über Marktsegmentierung und Marketing für Innovationen. Sein Promotionsverfahren über Wissens- und Technologietransfer an Hochschulen wird er im Jahre 2012 abschließen.

Anton Kocher studiert derzeit Außenwirtschaft mit dem Schwerpunkt Marketing an der ESB Business School in Reutlingen. Im Anschluss an sein Auslandssemester, das er an der San Diego State University in Kalifornien verbrachte, absolvierte er ein Praktikum bei der Unternehmensberatung *MBtech Consulting GmbH* im Bereich Lieferantenmanagement. Vor Aufnahme des Studiums im Jahr 2009 sammelte Kocher im Rahmen seiner Ausbildung zum Industriekaufmann mit Zusatzqualifikation Internationales Wirtschaftsmanagement darüber hinaus Erfahrungen in verschiedenen Funktionsbereichen wie Marketing, Personal oder Logistik bei der *Daimler AG* in Stuttgart.

Gerd Nufer ist Professor für Betriebswirtschaftslehre mit den Schwerpunkten Marketing und Sportmanagement an der ESB Business School der Hochschule Reutlingen und Privatdozent für Sportökonomie und Sportmanagement an der Deutschen Sporthochschule Köln. Zuvor arbeitete er als Projektleiter bei der international tätigen Unternehmensberatung *Simon-Kucher & Partners* in Bonn und als Key Account Manager in der Marktforschung bei der *Information Resources GfK* in Nürnberg. Seine Lehr-, Forschungs- und Beratungsschwerpunkte sind Sport- und Event-Marketing, Sponsoring, Ambush Marketing, Marketing below the line/innovatives Marketing sowie internationale Marktforschung.

Kornelius Prell studiert Business & Process Management an der ESB Business School Reutlingen in Kooperation mit dem IT-Unternehmen *Hewlett-Packard GmbH*. Im Unternehmen ist er seit 2007 in Deutschland und England im Bereich der Infrastruktur und Information Management Consulting tätig.

Carsten Rennhak ist Professor für Marketing an der ESB Business School und Direktor des Instituts für kundenorientierte Unternehmensentwicklung. Nach dem Studium der BWL an der Universität Augsburg sowie der VWL an der Wayne State University, Detroit, und seiner Promotion an der Ludwig-Maximilians-Universität in München war er mehrere Jahre als Unternehmensberater und Projektleiter bei *booz & Co.* sowie als Professor an der Munich Business School tätig. Seine Forschungsinteressen konzentrieren sich neben den Themen Kommunikationspolitik und Unternehmensstrategie auf die Automobilindustrie und die Energiewirtschaft. Er ist als Visiting Professor u. a. an der Zagreb School of Economics and Management und der SP Jain in Mumbai tätig sowie Gutachter bzw. Mitherausgeber für zahlreiche internationale Fachzeitschriften.

Carsten Schulze hat an der ESB Business School in Reutlingen International Management studiert und sich im Rahmen seiner Masterthesis auf regulierte Märkte spezialisiert. Während des Studiums war er bei der Kommunikationsagentur *Scholz & Friends* tätig und arbeitet mittlerweile als Consultant in einem Beratungsunternehmen am Energiemarkt.

Shireen Stengel studierte internationale BWL mit den Schwerpunkten Marketing- und Medienmanagement an der Munich Business School in München und an der European Business School in Madrid. Während ihres Studiums absolvierte sie verschiedene Praktika, z. B. im internationalen Marketing von *Schwarzkopf Professional*. Derzeit arbeitet sie bei der *BMW Group* in der Abteilung Kommunikation und PR als Projektassistenz für internationale Presse- und PR-Veranstaltungen.

Abonnement

Hiermit abonniere ich die Reihe **Reutlinger Schriften zu Marketing & Management (1865-3162)**, herausgegeben von Carsten Rennhak,

☐ ab Band # 1

☐ ab Band # ___

    ☐ Außerdem bestelle ich folgende der bereits erschienenen Bände:

    #___, ___, ___, ___, ___, ___, ___, ___, ___, ___, ___, ___

☐ ab der nächsten Neuerscheinung

    ☐ Außerdem bestelle ich folgende der bereits erschienenen Bände:

    #___, ___, ___, ___, ___, ___, ___, ___, ___, ___, ___, ___

☐ 1 Ausgabe pro Band   ODER   ☐ ___ Ausgaben pro Band

Bitte senden Sie meine Bücher zur versandkostenfreien Lieferung innerhalb Deutschlands an folgende Anschrift:

Vorname, Name: _____

Straße, Hausnr.: _____

PLZ, Ort: _____

Tel. (für Rückfragen): _____ *Datum, Unterschrift:* _____

Zahlungsart

☐ *ich möchte per Rechnung zahlen*

☐ *ich möchte per Lastschrift zahlen*

bei Zahlung per Lastschrift bitte ausfüllen:

Kontoinhaber: _____

Kreditinstitut: _____

Kontonummer: _____ Bankleitzahl: _____

Hiermit ermächtige ich jederzeit widerruflich den *ibidem*-Verlag, die fälligen Zahlungen für mein Abonnement der Reihe **Reutlinger Schriften zu Marketing & Management** von meinem oben genannten Konto per Lastschrift abzubuchen.

Datum, Unterschrift: _____

Abonnementformular entweder **per Fax** senden an: **0511 / 262 2201** oder 0711 / 800 1889
oder als **Brief** an: *ibidem*-Verlag, Julius-Leber Weg 11, 30457 Hannover oder
als **e-mail** an: **ibidem@ibidem-verlag.de**

***ibidem*-**Verlag

Melchiorstr. 15

D-70439 Stuttgart

info@ibidem-verlag.de

www.ibidem-verlag.de
www.ibidem.eu
www.edition-noema.de
www.autorenbetreuung.de

www.ingramcontent.com/pod-product-compliance
Lightning Source LLC
Chambersburg PA
CBHW061307220326
41599CB00026B/4766